Daniel Leisegang

amazon

Das Buch als Beute

Schmetterling Verlag

Bibliografische Informationen *der Deutschen Nationalbibliothek*
Die Deutsche Nationalbibliothek verzeichnet diese Publikation in der Deutschen Nationalbibliografie; detaillierte bibliografische Daten sind im Internet über http://dnb.d-nb.de abrufbar.

Schmetterling Verlag GmbH
Lindenspürstr. 38b
70176 Stuttgart
www.schmetterling-verlag.de
Der Schmetterling Verlag ist Mitglied von aLiVe,
der assoziation Linker Verlage

ISBN 3-89657-068-4
1. Auflage 2014
Printed in Hungary

Satz und Reproduktionen: Schmetterling Verlag
Druck: Interpress Ungarn

Inhalt

1. Einleitung

«Work hard, have fun, make history»[1] – so lautet das Motto von Jeff Bezos, dem Gründer und Chef von Amazon. Geschichte geschrieben hat Bezos bereits: In weniger als 20 Jahren hat er aus einem Garagen-Startup den größten Versandhändler der Welt gemacht. Heute verkauft Amazon eine schier unbegrenzte Fülle an Produkten – angefangen von Akkuschraubern über Babywindeln und Gartenzwergen bis hin zu Sportbekleidung und elektrischen Zahnbürsten. Mehr als 225 Millionen Kunden hat der Internetgigant weltweit.

Dabei unterscheidet sich Amazons unternehmerisches Erfolgsrezept grundlegend von denen anderer Konzerne des «digitalen Zeitalters». Im Gegensatz zu Apple etwa beruht Amazons Aufstieg nicht darauf, einen neuen Markt erfunden zu haben: Der Konzern bietet kein selbstentwickeltes «revolutionäres» technisches Gerät wie den iPod oder den iPad an. Ebenso wenig verfügt er über ein weltumspannendes soziales Netzwerk wie Facebook oder eine Suchmaschinentechnologie wie Google. Stattdessen eroberte Amazon mit Hilfe einer beispiellosen Expansionsstrategie aus dem Internet heraus erst den Buch- und dann den gesamten Versandhandel.

1 Zu Deutsch: «Arbeite hart, habe Spaß, schreibe Geschichte».

Grenzgänger Jeff Bezos

Dank dieses Erfolgs zählt Jeff Bezos längst zu den bedeutendsten Unternehmern der Gegenwart. Er steht damit in einer Reihe mit Steve Jobs (Apple), Mark Zuckerberg (Facebook), Bill Gates (Microsoft), Sergei Brin und Larry Page (Google).

Bezos Geschäftsidee basiert maßgeblich auf der Idee des Wachstums: 1994 erkannte er, dass das Internet um den Faktor 2300 anwuchs. Um von diesem Wachstum zu profitieren, entschied sich Bezos, in den Online-Buchhandel einzusteigen. Damit war er nicht nur zur richtigen Zeit am richtigen Ort. Darüberhinaus brachte Bezos zwei entscheidende Voraussetzungen mit, die seiner Geschäftsidee zum Durchbruch verhalfen: eine zielstrebige Beharrlichkeit sowie eine langfristig angelegte Geschäftsstrategie.

Die ihm eigene Beharrlichkeit wurde Bezos offenbar bereits buchstäblich in die Wiege gelegt: Schon als Dreijähriger zerlegte der kleine Jeffrey eigenhändig mit einem Schraubenzieher sein Gitterbett, weil er in einem «richtigen» Bett schlafen wollte. Seinen Willen, vor großen Zielen nicht zurückzuschrecken und dabei auch die schwierigsten Hindernisse zu überwinden, hat sich der Amazon-Chef bis heute bewahrt – und greift dabei sogar nach den Sternen: Im Jahr 2000 gründete der bekennende Star-Trek-Fan die Weltraum-Touristikfirma *Blue Origin*. Sie soll in naher Zukunft kostengünstige Ausflüge ins Weltall anbieten.

Den Anstoß für dieses Projekt legte die Mission, mit der die NASA vor gut 40 Jahren erstmals Menschen zum Mond schickte. Bezos war damals gerade einmal fünf

Jahre alt: «Ich sah Apollo 11 im Fernsehen, und das hat stark zu meiner Leidenschaft für Wissenschaft, Ingenieurwesen und Entdeckungen beigetragen.» Nun verfolgt Bezos selbst den Plan, die räumlichen Grenzen unseres Planeten zu überwinden und in den Weltraum zu fliegen.[2] Erste Testreihen mit den eigens dafür konstruierten Raumschiffen hat *Blue Origin* bereits erfolgreich abgeschlossen.

Neben seiner Zielstrebigkeit zeichnet sich Bezos auch durch unternehmerische Weitsicht aus. Wie langfristig der Amazon-Gründer im Voraus plant, veranschaulicht ein weiteres kurioses Vorhaben: So ließ er eine 60 Meter hohe Uhr bauen – tief im Innern eines Berges auf seinem Anwesen im US-Bundesstaat Texas. Die 42 Mio. Dollar teure Konstruktion soll über die nächsten 10.000 Jahre die Zeit messen und pünktlich zum Jahres-, Jahrhundert- und Jahrtausendwechsel eine Melodie abspielen. Für Bezos ist diese Uhr weit mehr als nur eine verrückte Spielerei. Vielmehr symbolisiert sie die unternehmerischen Prinzipien, die auch Amazons Geschäftsstrategie zugrunde liegen.

Diese ist auf langfristiges Wachstum statt auf kurzfristigen Profit ausgerichtet.[3] Schon 1997, dem Jahr als Amazon an die Börse ging, betonte Bezos, dass das Management und die Angestellten von Amazon «an etwas Bedeutendem arbeiten, etwas das unseren Kunden wich-

---

2 Wie fasziniert der Amazon-Chef von Reisen ins All ist, zeigte sich auch, als er im März 2013 nach langer Suche die Triebwerke der Apollo-11-Mission barg. Die Triebwerke lagen knapp 5000 Meter unter der Meeresoberfläche vor der Küste Floridas. Ihre Hebung war ein schwieriges und kostspieliges Unterfangen – das Bezos aus eigener Tasche finanzierte.

3 Aus diesem Grund verzeichnete Amazon 2012 auch – trotz eines Jahresumsatzes von 61 Mrd. US-Dollar – einen Nettoverlust in Höhe von 39 Mio. Dollar. Vgl. Riesige Amazon-Umsätze überraschen Analysten, in: «Die Welt», 5.2.2013.

tig ist, etwas von dem wir noch unseren Enkeln erzählen können».[4] Zu diesem Zweck verzichtete Bezos von Anfang an auf hohe Gewinne und steckte stattdessen jeden verfügbaren Cent in den Ausbau seines Unternehmens – in die Optimierung der Website, in neue Serviceangebote sowie in den Bau neuer Logistikzentren. Der Erfolg gibt ihm recht: Seit Jahren steigen die Kundenzahlen wie auch die Umsätze Amazons steil an. Ein Ende dieses Wachstums ist derzeit nicht abzusehen.

Die Strategie der «tödlichen Umarmung»

Doch der Aufstieg des Konzerns hat seine Schattenseiten.

So stehen die Amazon-Mitarbeiter unter immens hohem Erfolgsdruck – ganz gleich ob sie im Topmanagement oder als Lagerarbeiter in den Logistikzentren arbeiten.[5] Und da Jeff Bezos nicht nur als überaus zielstrebig, sondern obendrein als jähzorniger Perfektionist gilt, bekommen die Angestellten seine Wutausbrüche mitunter am eigenen Leib zu spüren: «Wenn du nicht gut bist, frisst Jeff dich und spuckt dich aus», so ein Mitarbeiter aus der Amazon-Zentrale. «Und wenn du gut bist, dann springt er dir auf den Rücken und reitet dich zuschanden.»[6]

Die Konkurrenz hingegen leidet unter Amazons wachsender Marktmacht – vor allem auf dem Buchmarkt. Schon jetzt hält der Konzern mehr als 20 Prozent des gesamten deutschen Buchhandels fest in seiner Hand.

---

4 Amazon Says Long Term And Means It, in: «The New York Times», 16.12.2011.

5 Vgl. dazu Kapitel 2 und 3 dieses Buches.

6 Vgl. Mr. Gnadenlos aus Seattle, in: «Süddeutsche Zeitung», 3.12.2013.

Und im Online-Geschäft verfügt er de facto über ein Monopol: etwa 75 Prozent aller Bücher werden im Internet bei Amazon.de bestellt.[7]

Verantwortlich dafür ist – neben Bezos' langfristig angelegter Wachstumsstrategie – eine Unternehmenspolitik, die man als Strategie der «tödlichen Umarmung» bezeichnen kann. Mit dieser bindet Amazon die Verlage und den Buchhandel so eng an sich, dass diesen die Luft ausgeht. Das Geschäftsziel ist dabei offensichtlich: Der Internetkonzern will zu einem globalen Medienimperium heranwachsen und langfristig den gesamten Markt kontrollieren – von der Produktion bis zum Vertrieb eines jeden Buches.[8]

Auf seinen Eroberungszügen macht Bezos keine Gefangenen. Im Gegenteil verlangt der Amazon-Chef von seinen Managern, die Verleger zu jagen, wie ein Gepard eine kranke Gazelle verfolgt.[9] Tatsächlich setzen die Manager die wirtschaftliche Stärke des Konzerns skrupellos ein – insbesondere bei der Preispolitik gegenüber den Verlagen. Diese haben, so sie ihre Bücher direkt über Amazon vertreiben wollen, kaum eine andere Wahl, als die geforderten Preisnachlässe zu akzeptieren. Wi-

---

7 Vgl. Amazon kontrolliert rund 20 Prozent des Buchmarktes, in: www.buchreport.de, 5.2.2013 sowie: Spielt Amazon Monopoly?, in: «Sueddeutsche.de», 16.5.2013.

8 Das erklärt auch, warum Jeff Bezos im Sommer 2013 für 250 Mio. US-Dollar die «Washington Post» gekauft hat. Vgl. Fremder Freund, in: «Sueddeutsche.de», 9.11.2013.

9 Vgl. Mr. Gnadenlos aus Seattle, a.a.O. Tatsächlich ordnet der Konzern die Verlage, die Bücher bei ihm verkaufen, in unterschiedliche Kategorien ein – entsprechend ihrer Umsatzstärke und Abhängigkeit von dem Unternehmen. Anfangs sammelten die Manager die Beuteklassen noch unter dem Titel «Gazellen-Projekt». Als jedoch die Anwälte des Konzerns davon erfuhren, fand man rasch die nüchterne Bezeichnung Small Publisher Negotiation Program, zu Deutsch: Programm für die Verhandlung mit Kleinverlegern. Vgl. Brad Stone, Der Allesverkäufer. Jeff Bezos und das Imperium von Amazon, Frankfurt am Main 2013, S. 280.

dersetzt sich ein Anbieter, entfernt Amazon dessen Bücher kurzerhand aus dem Sortiment. Die Folge sind nicht nur erhebliche Umsatzeinbußen: Aufgrund von Amazons Marktdominanz gelten Werke, die nicht bei ihm gelistet sind, den meisten Kunden als nicht verfügbar.

Um seinen Einfluss zu vergrößern, geht Bezos derzeit noch einen Schritt weiter: Seit rund einem Jahr tritt Amazon nicht mehr nur als Händler, sondern auch als Verleger auf – mit der Absicht, die traditionellen Verlage als Vermittler zwischen Autoren und Leser gänzlich auszuschalten.

Die Krise des Buchhandels

Vor allem aber der Buchhandel ächzt unter Amazons aggressiver Wachstumsstrategie. «Ich möchte, dass Sie vorgehen, als wollten Sie den ganzen traditionellen Buchhandel arbeitslos machen», fordert Bezos von seinen Mitarbeitern.[10] Seine Anweisung setzen diese bislang überaus erfolgreich um – hauptsächlich mit Hilfe von Dumpingpreisen.

So versucht Amazon in den Vereinigten Staaten – dort fehlt eine Buchpreisbindung, die Verlage und Handel zu einem einheitlichen Verkaufspreis verpflichtet – seine Angebotspreise konsequent unter die der Konkurrenz zu drücken. Die Folgen dieses Unterbietungswettbewerbs sind verheerend: Die großen amerikanischen Buchhandelsketten schreiben tiefrote Zahlen oder sind bereits pleite gegangen. Und von den einst über 4000 unabhängigen Buchläden in den USA sind heute weniger als 1900 übrig.

---

10 Vgl. Bezos Gnadenlos, in: «Die Zeit», 50/2013.

Den Ketten hierzulande ergeht es – trotz gesetzlicher Preisbindung – nicht viel besser: Weil mehr und mehr Kunden ihre Bücher bei Amazon bestellen, ist deren Expansionsstrategie, die auf riesige Filialen und hohen Absatz setzt, krachend gescheitert. Um den massiven Umsatzrückgang aufzufangen, mussten Thalia und Co. seit 2011 Filialen mit einer Gesamtverkaufsfläche von rund 32.000 Quadratmetern schließen.[11]

Eine Überlebenschance haben die Buchhandelsketten nur, wenn sie sich so rasch wie möglich an die veränderten Marktbedingungen anpassen. Dass ihnen dies gelingt und sie Amazons gewaltigen Vorsprung im Online-Geschäft noch aufholen, ist derzeit allerdings eher unwahrscheinlich. Zu lange haben die Ketten dem Treiben Jeff Bezos' tatenlos zugesehen und auf ihre schiere Größe sowie das dichte Filialnetz vertraut. Gerade dieses erweist sich aber nun als Klotz am Bein, der die erforderliche Kehrtwende erschwert.

Doch es gibt auch Lichtblicke: So erleben die kleinen, inhabergeführten Buchhandlungen derzeit eine unerwartete Renaissance. Zwar ist ihre Zahl in den vergangenen zehn Jahren um etwa ein Viertel zurückgegangen. Inzwischen haben etliche der kleineren Buchhandlungen ihr Serviceangebot allerdings ausgeweitet und so den Abwärtstrend vielerorts bremsen oder gar umkehren können.

11 Vgl. Such das Buch, in: «Frankfurter Allgemeine Zeitung», 27.9.2012.

Der ausgespähte Kunde

Durch das ausgebaute Angebot erhalten die Kunden die Möglichkeit, Amazon den Rücken zu kehren, ohne auf das bequeme Einkaufserlebnis verzichten zu müssen. Im Gegenteil profitieren sie von einem solchen Schritt erheblich: Schließlich büßt jeder Amazon-Kunde beim Einkauf einen Teil seiner Privatsphäre ein.

Seit seinen Anfängen hat Amazon massenhaft Kundendaten angehäuft, um so maßgeschneiderte Produktempfehlungen machen zu können. Eine zunehmend wichtige Rolle spielt dabei Amazons E-Reader, der Kindle. Er übermittelt die gelesenen Werke ebenso an die Firmenserver wie sämtliche Hervorhebungen und Anmerkungen, die genaue Leseposition sowie die Lesedauer. Faktisch schaut Amazon seinen Kunden bei der Lektüre somit unentwegt über die Schulter. Die abgeschöpften Daten geben tiefe Einblicke in die Vorlieben jedes einzelnen Kunden – auf deren Grundlage dann weitere Kaufempfehlungen gemacht werden können.

Hinzu kommt, dass Amazon seine Strategie der «tödlichen Umarmung» auch bei den eigenen Kunden anwendet. Entscheiden diese sich nämlich, den Fängen des Internetkonzerns zu entkommen und ihr Konto zu kündigen, verlieren sie zugleich den Zugriff auf sämtliche digitale Bücher, die sie zuvor bei Amazon erstanden haben. Denn mit dem Kauf von E-Books erhalten die Kunden nur ein Nutzungsrecht, ein Besitzverhältnis wie bei einem gedruckten Buch, das sie nach Belieben verwenden und verleihen dürfen, existiert nicht.[12]

---

12 Vgl. Lesen verboten, in: «Zeit Online», 23.10.2012.

Das Buch als Beute

Amazon hält somit die Verlage, den Buchhandel und die Kunden fest im Griff. Doch so groß die Marktmacht des Internetriesen auch bereits sein mag – noch ist es nicht zu spät, den Jäger selbst zum Gejagten zu machen. Nur dann können sich die Verlage und der Handel aus der erdrückenden Abhängigkeit befreien. Andernfalls droht nicht nur ihnen, sondern auch dem Kulturgut Buch der Untergang.

Denn längst geht es im Kampf gegen Amazon um weit mehr als nur um die Zukunft des Buchmarktes. Seit dem 15. Jahrhundert hat das Buch die westlichen Kulturen nachhaltig geprägt. Erst der Buchdruck ermöglichte einen breiten gesellschaftlichen Diskurs über die politischen und kulturellen Grundlagen moderner Gesellschaften und bereitete so der Aufklärung den Weg. Bis heute ist das Buch – neben der Presse, dem Rundfunk und den neuen Medien – ein Initiator unentbehrlicher Debatten und damit Leitmedium unserer politischen Öffentlichkeit.

Aus diesem Grund verdient es besonderen Schutz: Artikel 5 des Grundgesetzes räumt jedem Bürger das Recht ein, «seine Meinung in Wort, Schrift und Bild frei zu äußern und zu verbreiten und sich aus allgemein zugänglichen Quellen ungehindert zu unterrichten». Eigentlich sollen Grundrechte wie dieses den Einzelnen vor dem unbefugten Zugriff und vor willkürlichen Zensurmaßnahmen des Staates schützen. Wenn aber ein Konzern wie Amazon die traditionelle Arbeitsteilung zwischen den Verlagen und den Buchhändlern aushebelt und sich anschickt, den gesamten Buchmarkt zu erobern, geht von ihm eine ebenso große Gefahr für die freie und unzensierte Meinungsbildung aus wie potentiell von Seiten des Staates.

Amazon muss daher gestoppt und in seine Grenzen verwiesen werden. Denn umso stärker seine Marktmacht anwächst und der Konzern seine ganz eigene Geschichte ungehindert fortschreiben kann, desto eher droht nicht nur der Buchhandel, sondern auch das Buch selbst Geschichte zu werden. Es ist also höchste Zeit, die Machenschaften Amazons aufzudecken und einen Blick hinter die Fassade der vermeintlich schönen, neuen Warenwelt zu werfen.

2. Amazons Logistikzentren: Die Orte der harten Arbeit

Hinter der Fassade von Amazons Online-Shop verbirgt sich eine Welt prekärer Arbeitsbedingungen. Den Preis für das bequeme und vor allem günstige Einkaufen im Netz zahlen dabei vor allem jene, die für die Logistik und den Versand der Waren zuständig sind.

Besonders drastisch verdeutlichte dies die ARD-Dokumentation «Ausgeliefert! Leiharbeiter bei Amazon», die im Februar des vergangenen Jahres ausgestrahlt wurde. Die Reportage zeigt, unter welch skandalösen Bedingungen Wanderarbeiter vor allem aus Osteuropa und Spanien in den Amazon-Logistikzentren schuften und dass sie obendrein von rechtsradikalen Sicherheitskräften schikaniert werden.

Noch Monate nach der Ausstrahlung der Dokumentation berichteten die Medien über die Arbeitsbedingungen in den Lagerhallen. Entsprechend groß war der Imageschaden für Amazon. Zwar trennte sich das Unternehmen umgehend von seinem Sicherheitsdienst und versprach zudem, die arbeitsrechtliche Situation zu prüfen. Dennoch hielt die Empörung an, einige Nutzer riefen gar zum Boykott des Konzerns auf.

Picker und Packer: Ausbeutung mit System

Bundesweit verfügt Amazon über neun Logistikzentren, sieben davon ließ der Konzern seit 2009 bauen. Das bislang letzte sogenannte Fulfillment Center – zu Deutsch: «Erfüllungszentrum» – wurde im Herbst 2013 im brandenburgischen Brieselang, westlich von Berlin, in Betrieb genommen, um dem Ansturm des bevorstehenden Weihnachtsgeschäfts standzuhalten.

In den mehrere Fußballfelder großen Hallen herrscht rund um die Uhr rege Betriebsamkeit: Gabelstapler und Hubwagen sausen durch die Gänge, Kartons werden gefaltet und Warenscanner piepen. In langen Regalen reihen sich die unterschiedlichsten Produkte: Bücher, DVDs, Duschvorhänge, Fahrradschläuche, Spülmaschinentabs und Modeschmuck.

Die verschiedenen Arbeitsbereiche in den Hallen sind mit englischen Bezeichnungen versehen: Pick, Sort, Stow, Ship – Sammeln, Sortieren, Beladen, Ausliefern. In das sogenannte Damageland wandern die aussortierten Retouren, die zurück an den Hersteller geschickt werden.

Besonders die Picker, die die bestellten Waren aus den Regalen «picken» und dabei täglich bis zu 20 Kilometer zu Fuß zurücklegen, und die Packer, die die Bestellungen für den Versand vorbereiten, leisten Schwerstarbeit. Jeder ihrer Arbeitsschritte ist streng reglementiert.

Die Picker tragen Scanner, mit denen sie die eingesammelten Waren erfassen. Zugleich zeichnet das Gerät auch sämtliche ihrer Bewegungen auf. Kommt ein Picker in Verzug, erhält sein Vorgesetzter eine Meldung auf seinen Bildschirm.[13] Wer die vorgegebenen Quoten wieder-

13 Vorübergehend installierte Amazon im Logistikzentrum in Bad Hers-

holt nicht erfüllt, verliert seine Stelle. Auch die Packer stehen unter hohem Druck. Sie müssen mindestens 200 sogenannte Singlepacks – Versandpakete mit nur einem Produkt – pro Stunde verpacken. Bei sogenannten Multipacks sind es mindestens 100 Pakete pro Stunde.

Die Arbeit in den Hallen ist streng hierarchisch organisiert: Jeweils 20 Picker und Packer unterstehen einem sogenannten Leader. Die Leader wiederum werden von Abteilungsleitern – sogenannte Area-Manager – beaufsichtigt, die wiederum Operation-Managern unterstehen. Jede Schicht beginnt mit dem «Start-Meeting», in dem der Hallenmanager eine motivierende Ansprache an sein Team hält. Das Tagesziel lautet immer gleich: Um Punkt 17 Uhr müssen alle Pakete, die an diesem Tag das Zentrum verlassen sollen, abholfertig sein. Verfehlt ein Leader mit seinem Team dieses Ziel, erhält er Fehlerpunkte. Den dadurch erzeugten Druck gibt er mittels eines Feedbacksystems nach unten weiter: Picker und Packer erhalten von den Leadern grüne oder gelbe Karten. Die grüne Karte steht für Lob, die gelbe kommt einer Abmahnung gleich. Sie wird unter anderem für das wiederholte Übertreten einer Fahrbahn, die Gabelstaplern vorbehalten ist, vergeben, oder wenn sich der Angestellte beim Treppensteigen nicht mit der Hand am Geländer festhält. Bereits nach drei gelben Karten droht die Entlassung.[14]

---

feld auch einen Countdown auf dem Scanner, der die Sekunden bis zum nächsten Pick herunterzählte. Nachdem der Betriebsrat dagegen protestiert hatte, entfernte Amazon den Zähler wieder. Vgl. www.amazon-verdi.de/2012/02/16/lauf-picker-lauf.

14 Vgl. Als würden Menschen dressiert werden, in: «sueddeutsche.de», 2.3.2013.

Totale Effizienz auf Kosten der Gesundheit

Dass vergleichsweise wenig von den Zuständen in Amazons Lagerhallen nach außen dringt, hängt auch mit den Arbeitsverträgen zusammen, die die Angestellten unterschreiben müssen: Darin ist eine Verschwiegenheitsklausel enthalten, die es den Mitarbeitern untersagt, über ihre Erfahrungen am Arbeitsplatz zu sprechen – selbst mit ihrer eigenen Familie.[15]

Aus diesem Grund ist auch nur wenig über die gesundheitlichen Folgen und Risiken der anstrengenden Arbeit bei Amazon bekannt. So klagen viele der Picker über Knie- und Rückenschmerzen – eine Folge des stundenlangen Laufens auf dem harten Betonboden der Hallen. Die Picker befördern die eingesammelten Waren meist mit einem Aluwagen, den sie hinter sich herziehen. Und obwohl Amazon ihnen Sicherheitsschuhe zur Verfügung stellt, bevorzugen viele Angestellte leichtere Turnschuhe. Doch auch diese helfen nicht viel.

Mitunter kommt es auch vor, dass die Hallen nicht ausreichend klimatisiert sind. Im Juni 2011 fielen wegen der hohen Außentemperaturen in einem Versandzentrum in Pennsylvania (USA) reihenweise die Mitarbeiter in Ohnmacht. Amazon reagierte prompt – doch anstatt Klimaanlagen zu installieren, stellte der Konzern Krankenwagen vor die Werktore, offenbar um zu lange Verzögerungen im Betriebsablauf zu vermeiden.[16]

Ebenso pragmatisch ging der Konzern mit einem anderen Problem um: Weil einige Produkte in den Warencontainern Chemikalien abgeben, was in der Vergangenheit

15 Als Lagerarbeiter bei Amazon: Nachtschicht als Picker, Gespräch mit Jean-Baptiste Malet in: www.fudder.de, 11.7.2013.

16 Inside Amazon's Very Hot Warehouse, in: http://bits.blogs.nytimes.com, 19.9.2011.

Deutsche Amazon-Standorte

Die *Zentrale* von Amazon Deutschland befindet sich seit 2010 in München-Schwabing. Daneben gibt es jeweils ein *Kundenservicezentrum* in Regensburg und in Berlin sowie hierzulande die neun *Logistikzentren*:

- **Graben**, ca. 110.000 qm (MUC3, seit September 2011)
- **Bad Hersfeld**, zusammen rund 142.000 qm (FRA1 2001 eröffnet, FRA3 2009 ergänzt)
- **Leipzig**, ca. 75.000 qm (LEJ1, seit August 2006)
- Rheinberg, rund 110.000 qm (DUS2, seit 3. Quartal 2011)
- **Werne**, ca. 130.000 qm (Haus 1 EDE4, seit September 2010, Haus 2 EDE5 seit Ende 2013)
- **Koblenz**, ca. 110.000 qm (CGN1, seit September 2012)
- **Pforzheim**, ca. 110.000 qm (STR1, seit Herbst 2012)
- **Brieselang**, ca. 44.000 qm (seit Ende 2013)

bereits zu Ohnmachtsanfällen bei Beschäftigten geführt hat, dürfen die Arbeiter die Lager nur noch zu zweit betreten. Auf diese Weise, so Amazon, können sie sich im Notfall gegenseitig Hilfe leisten.[17]

Trotz der hohen Arbeitsbelastungen erlaubt Amazon den Angestellten pro Schicht gerade einmal zwei Pausen.[18] Und diese fallen faktisch noch kürzer aus als vorgesehen: Offiziell beträgt ihre Länge zwar 35 Minuten.

17 Vgl. Als würden Menschen dressiert werden, in: «sueddeutsche.de», 2.3.2013.

18 Vgl. dazu: Man wird zur Verlängerung der Maschine, in: «Zeit Online», 21.2.2013.

Allerdings nimmt bereits der Weg zur Kantine mitunter etliche Minuten in Anspruch – je nachdem wie weit der Arbeitsplatz von den Ausgängen der Hallen entfernt ist.

Dort befinden sich Sicherheitsschleusen, wo die Arbeiter beim Verlassen der Hallen durchsucht werden, um Diebstähle zu unterbinden. Das Sicherheitspersonal inspiziert die Taschen und tastet die Körper der Angestellten ab. Diese Kontrollen dürfen innerhalb der Hallen laut Arbeitsvertrag zu jeder Zeit und an jedem Ort durchgeführt werden.[19] So bleibt den Beschäftigten am Ende häufig etwa nur die Hälfte der offiziellen Pausenzeit, um hastig in der Kantine zu essen und in die Hallen zurückzukehren.[20]

Die Angestellten werden allerdings nicht nur ihrer Pausenzeiten beraubt, ihre bezahlte Arbeitszeit endet zudem, sobald sie ihren unmittelbaren Arbeitsplatz verlassen. Denn eben dort – und nicht an den Werktoren – stehen die Stechuhren.[21] In der Summe zahlt sich deren Platzierung für Amazon aus: Allein in den deutschen Versandzentren spart der Konzern so pro Woche die Kosten für mehrere Tausend Arbeitsstunden.

Bei der Ausweitung der Arbeitszeit hingegen zeigt sich Amazon überaus flexibel. Regelmäßig berichten Beschäftigte, dass Schichten variieren oder es zu spontanen Schichtverlängerungen kommt. Auch heißt es bei der Einstellung oft, dass sie keine Nachtschichten leisten

---

19 Die Gewerkschaften kritisieren die Durchsuchungen: Aus Präventionszwecken sei es zwar mitunter gestattet, die Taschen von Angestellten zu durchsuchen, ihre Körper dürften allerdings nicht abgetastet werden.

20 Vgl. Das Tagebuch einer Amazon-Packerin, in: «Frankfurter Allgemeine Zeitung», 21.2.2013.

21 Vgl. Als Roboter im Internet-Kaufhaus, in: «Frankfurter Rundschau», 20.6.2013.

müssten und der Samstag frei sei. Beide Vereinbarungen bricht Amazon regelmäßig.[22]

Kurzum: In Amazons Logistikzentren herrscht ein System der maximalen Effizienz, bei dem die Rechte und die Gesundheit der Angestellten auf der Strecke bleiben. Die Beschäftigten nehmen die Arbeitsbedingungen meist klaglos hin, weil sie hoffen, einen unbefristeten Vertrag zu erhalten. Wer sich beschwert oder gar seine Rechte einklagt, darf sich nicht nur von dieser Hoffnung verabschieden, er muss auch damit rechnen, seine Anstellung zu verlieren.

Der Kampf um höhere Löhne

Den Gewerkschaften sind die unwürdigen Bedingungen und der mangelnde Arbeitsschutz bereits seit längerem ein Dorn im Auge. Seit geraumer Zeit setzen sie sich für die Einrichtung von Betriebsräten, bessere Arbeitsbedingungen und eine höhere Bezahlung der Beschäftigten ein.

Zentraler Kritikpunkt ist, dass es an keinem der deutschen Standorte eine Tarifbindung gibt. Amazon bezahlt seine deutschen Mitarbeiter stattdessen nach einem firmeneigenen Vergütungssystem, das – je nach Standort – unterschiedlich ausfällt. Mehr als 37.000 Menschen unterzeichneten daher auch einen Aufruf der Vereinten Dienstleistungsgewerkschaft Verdi, in dem sie bessere Arbeitsbedingungen und eine höhere Bezahlung in den Logistikzentren einfordern. Verdi verlangt, dass Amazon die Angestellten nach dem Branchen-Tarifvertrag des Einzel- und Versandhandels bezahlt. Bislang erhält ein Arbeiter in Leipzig zum Einstieg einen Stundenlohn in Höhe von 9,30 Euro, im westdeutschen Bad Hersfeld sind

22 Vgl. «sueddeutsche.de», 2.3.2013.

es 9,83 Euro. Im Branchen-Tarifvertrag des Einzel- und Versandhandels beginnen die Löhne hingegen typischerweise bei 12 Euro.[23] Beschäftigte erhalten dort zudem Urlaubs- und Weihnachtsgeld sowie Nachtzuschläge bereits ab 20 Uhr, statt wie bei Amazon erst ab Mitternacht.

Amazon verteidigt sein bestehendes Lohnmodell hartnäckig: Mitarbeiter verdienten «am oberen Ende der Gehaltsskala, verglichen mit anderen Logistikunternehmen», so der Konzern. Zudem erhielten sie neben ihrem Lohn auch Belegschaftsaktien und «weitere Nebenleistungen». Auf diese Weise habe es in den vergangenen fünf Jahren durchschnittlich acht Prozent Aufschlag auf den Basis-Lohn gegeben.[24] Die Angestellten wollen sich damit allerdings nicht abspeisen lassen. Im Juni 2013 kam es erstmals in Amazons 15jähriger deutscher Unternehmensgeschichte zu Streiks. Sowohl in Leipzig wie auch in Bad Hersfeld sprachen sich über 97 Prozent der Verdi-Mitglieder für Arbeitsniederlegungen aus. Wiederholt und über Wochen streikten die Mitarbeiter an diesen zwei Logistikzentren. Zwar wurden in dieser Zeit in Bad Hersfeld wie auch in Leipzig Betriebsräte eingerichtet. Sie schufen Netzwerke, in denen sich die Arbeitnehmer über ihre Rechte informieren und nach Rat suchen können. Die Resultate der Arbeitsniederlegungen fielen allerdings bescheiden aus. Die Gewerkschaften konnten Amazon gerade einmal kleine Zugeständnisse wie die Zahlung eines Weihnachtsgeldes abringen. Eine tarifliche Aufstockung des Lohns steht weiterhin aus.[25]

---

23 Vgl. «Unberechenbar bleiben». Ein Gespräch mit Mechthild Middeke über die Streiks der Amazonier, in: «express, Zeitung für sozialistische Betriebs- und Gewerkschaftsarbeit», 7.8.2013.

24 Vgl. Warum das Amazon-Modell hier nicht funktioniert, in: «Wall Street Journal Deutschland», 22.6.2013.

25 Vgl. Gewerkschaftssekretärin über Amazon: Ein Spiel mit der Angst, in: «die tageszeitung», 10.1.2014.

Hire and Fire: Zum Abschied ein Milka-Herz

Bislang zeigt sich Amazon somit weitgehend unbeeindruckt von den Gewerkschaftsprotesten. Stattdessen verweist der Konzern auf die rund 10.000 Arbeitsplätze, die er in seinen deutschen Logistikzentren geschaffen habe. (Weltweit arbeiten über 110.000 Mitarbeiter für Amazon.) Allerdings schätzen die Gewerkschaften, dass mehr als zwei Drittel dieser Stellen befristet sind.[26]

Gerade in den ersten neun Monaten ist das Anstellungsverhältnis überaus prekär. So kann Amazon Aushilfen in den ersten drei Monaten von einem Tag auf den anderen kündigen. Im Anschluss folgt zusätzlich eine sechsmonatige Probezeit, in der sich die Kündigungsfrist auf immerhin 14 Tage verlängert.[27] Entlassungen erfolgen meist gruppenweise; Mitarbeiter, die Amazon verlassen müssen, berichten, dass sie nicht mehr als einen Händedruck und vielleicht noch ein Milka-Schokoladenherz erhielten. Dabei kann es durchaus vorkommen, dass im Büro nebenan gleichzeitig *Hiring Day* ist und neue Mitarbeiter eingestellt werden – ebenfalls befristet, versteht sich.[28] Entscheiden die Angestellten von sich aus, das Unternehmen zu verlassen, müssen sie für die Kündigung mitunter noch eine Bearbeitungsgebühr in Höhe von 25 Euro entrichten. Um der Ausbeutung in den Lagerhallen zu entkommen, haben einige Mitarbeiter diesen Betrag dennoch bereitwillig bezahlt.[29]

---

26 Vgl. 37.000 Unterschriften für bessere Arbeitsbedingungen bei Amazon übergeben, in: www.verdi.de, 28.2.2013. Zudem benötigt «Amazon für diesselbe Anzahl an verkauften Büchern 18-mal weniger Arbeiter [...] als ein unabhängiges Buchgeschäft.» Vgl. Die Roboter von Amazonien, in «Sueddeutsche.de», 22.11.2013.

27 Vgl. Gnadenlos flexibel, in: «Die Zeit», 47/2012.

28 Vgl. Hire and Fire, in: «Sueddeutsche.de», 2.3.2013.

29 Vgl. Als würden Menschen dressiert werden, in: «Sueddeutsche.de»,

Die neuen «Gastarbeiter»

Insbesondere die Leiharbeiter, die Amazon zu Tausenden in seinen Lagerhallen beschäftigt, leiden unter dem immens hohen Druck, der in den Logistikzentren herrscht.

Der Konzern betont zwar, sie nach dem geltenden Zeitarbeitstarif zu entlohnen. Tatsächlich aber nutzt er die geltende Rechtslage gezielt, um vorübergehend einen höheren Bedarf an Arbeitskräften ausgleichen zu können. Vor allem in der Vorweihnachtszeit heuert das Unternehmen hierzulande weitere 10.000 Arbeiter an, womit sich die Zahl der Amazon-Angestellten auf einen Schlag verdoppelt. Sobald die Zahl der Bestellungen wieder zurückgeht, meist in den ersten Januarwochen, beendet Amazon das Arbeitsverhältnis wieder.

Von diesem Hire-and-Fire-System sind vor allem Wanderarbeiter aus Süd- und Osteuropa betroffen. Deutsche Zeitarbeitsfirmen werben sie in ihren Herkunftsländern an, sobald sie im lokalen Umfeld der Zentren nicht ausreichend Arbeitssuchende finden. In der Regel nehmen die Firmen Arbeitslose in deren Herkunftsländern für einen Stundenlohn von 9 Euro unter Vertrag. Bis zu 5000 Menschen wurden so 2012 für die Dauer von drei Monaten in einem deutschen Amazon-Logistikzentrum eingesetzt. Danach standen die meisten von ihnen wieder auf der Straße – fernab ihrer Heimat.[30]

So empörend dieses Vorgehen auch sein mag – Amazons systematischer Einsatz von Leiharbeitern verstößt nicht gegen geltendes Recht. Im Gegenteil: Die Konditionen, zu denen der Konzern Menschen befristet an-

---

2.3.2013.

30 Vgl. Schlecht bezahlt und noch gegängelt, in: «die tageszeitung», 14.2.2013.

stellt, entsprechen dem Teilzeit- und Befristungsgesetz (TzBfG) aus dem Jahr 2001 – dieses aber weiß das Niedriglohnunternehmen Amazon geschickt auszunutzen.

Die Schmuddelkinder des Arbeitsmarktes

Amazon ist bei Weitem nicht das einzige Unternehmen, das so vorgeht. In den vergangenen Jahrzehnten ist die Zeitarbeitsbranche in Deutschland deutlich angewachsen. Im Dezember 1982 lag die Zahl der Leiharbeiter noch unter 20.000. Zwanzig Jahre später waren es schon 309.000. Und im Dezember 2012, weitere zehn Jahre später, gab es in Deutschland 822.000 Zeitarbeitnehmer. Allein in den vergangenen zehn Jahren hat sich ihre Zahl damit nahezu verdreifacht.[31]

Leiharbeiter werden auf dem deutschen Arbeitsmarkt zumeist im unqualifizierten Bereich eingesetzt – in der Regel als Teilzeitkraft –, sie gelten als die «Schmuddelkinder des Arbeitsmarktes».[32] Dabei erhalten sie zwar die gleichen Kündigungsrechte wie andere Arbeitnehmer auch – allerdings nur gegenüber der Zeitarbeitsfirma und nicht gegenüber dem Entleihbetrieb. Und selbst Zeitarbeitsfirmen scheren sich häufig wenig um die Rechte ihrer Angestellten; dennoch klagen diese bei arbeitsrechtlichen Verstößen nur äußerst selten gegen die Unternehmen.[33]

---

31 Vgl. http://statistik.arbeitsagentur.de/Statischer-Content/Arbeitsmarktberichte/Arbeitsmarkt-Allgemein/generische-Publikationen/Arbeitsmarkt-Deutschland-Zeitarbeit-Aktuelle-Entwicklung-2HJ2012.pdf.

32 Vgl. Ausgetrickste Leiharbeiter: Das Totalversagen der Bundesagentur für Arbeit, in: «Monitor» (WDR), 4.7.2013.

33 Auch die Präsidentin des Bundesarbeitsgerichts, Ingrid Schmidt, beklagt, dass Kündigungsschutzstreitigkeiten im Bereich der Leiharbeit selten seien: «Dabei gilt für Leiharbeitnehmer der gleiche Kündigungsschutz wie für alle anderen Arbeitnehmer auch. Wie kann es etwa sein, dass ein großer Automobilhersteller in Zeiten der Krise

Auch die Bezahlung von Leiharbeitern ist in der Regel nicht nur niedriger als die der Festangestellten.[34] Darüber hinaus erfolgt sie häufig nur für eine vereinbarte, niedrigere Stundenzahl, selbst wenn die Leiharbeiter faktisch als Vollzeitkraft arbeiten. Auf diese Weise sparen die Zeitarbeitsfirmen bares Geld, wenn die Arbeiter krank werden oder Urlaub nehmen, da auch niedrigere Lohnfortzahlungen entrichtet werden müssen. Dass die Unternehmen mit derlei Tricks durchkommen, hat auch mit den laschen Kontrollen zu tun: Auf 18.500 Leiharbeitsfirmen kommen bundesweit gerade einmal 55 Prüfer.[35]

Trenkwalder: «Deutschlands bester Arbeitgeber»

Infolge der ARD-Dokumentation traten Anfang 2013 kurzzeitig auch die Machenschaften der Zeitarbeitsfirmen in den Fokus der Aufmerksamkeit. So hatte beispielsweise das Unternehmen Trenkwalder im Weihnachtsgeschäft 2012 etwa 1000 Mitarbeiter an Amazon verliehen.[36] Als die Bundesanstalt für Arbeit (BfA) infolge der Fernsehausstrahlung Sonderprüfungen bei den Zeitarbeitsfirmen durchführte, stellte sie auch bei Trenkwalder zahlreiche

---

3000 Leiharbeitnehmer nicht mehr beschäftigt und diese dann wieder zu ihren Verleihern zurückgehen? Und was passiert dort? Es ist schwer vorstellbar, dass die Verleiher in wirtschaftlich schwierigen Zeiten auf einmal solche zahlreichen Einsatzmöglichkeiten haben. Dort wird nur einfach nicht geklagt.» Vgl. Niemand muss ständig erreichbar sein, in: «Frankfurter Allgemeine Zeitung», 11.2.2013.

34 Im Westen der Bundesrepublik erhalten Leiharbeiter seit Anfang des Jahres 2014 einen Mindestlohn in Höhe von 8,50 Euro, im Osten sind es 7,80 Euro. Vgl. Tarifeinigung: Leiharbeiter bekommen ab 2014 höheren Mindestlohn, in: «Spiegel Online», 17.9.2013. Vgl. auch Stefan Soost, Leiharbeit: Prekariat auf Abruf, in: «Blätter», 9/2012, S. 23–26.

35 Vgl. «Monitor» (WDR), a.a.O.

36 Vgl. So geht Amazons Leiharbeitsdienst vor, in: «Wirtschaftswoche», 23.2.2013.

Verstöße gegen das Arbeitnehmerüberlassungsgesetz (AÜG) fest. Die BfA hatte unter anderem auf Verstöße gegen Lohnhöhen und Urlaubsregelungen geprüft.

Über den genauen Umfang der Verstöße schweigt sich die Bundesanstalt aus. Auch ist derzeit noch offen, ob Trenkwalder Bußgelder oder gar der Lizenzentzug droht. Möglicherweise will die Arbeitsagentur so das Bundesministerium für Arbeit und Soziales vor öffentlicher Kritik schützen. Denn nur drei Jahre zuvor hatte das «Great Place to Work»-Institut[37] die Zeitarbeitsfirma noch für ihre besondere Qualität als Arbeitgeber ausgezeichnet. Kooperationspartner dieser Prämierung war unter anderem das Ministerium. Der damalige Parlamentarische Staatssekretär, Dr. Ralf Brauksiepe, war voll des Lobes für Trenkwalder: «Nur gute Unternehmen gewinnen zukünftig gute Fachkräfte.» An diese Worte wollte die Bundesanstalt offenbar nicht erinnern.[38]

Dass Amazon keine Skrupel bei der Ausbeutung von Arbeitskräften kennt, zeigt sich auch daran, dass der Konzern die Zusammenarbeit mit Trenkwalder trotz der Verstöße bis heute fortsetzt.[39]

MAG: Amazons ewige Praktikanten

Ebenfalls systematisch – und zudem überaus schamlos – nutzte Amazon über Jahre die «Maßnahmen zur Aktivierung und beruflichen Wiedereingliederung» (MAG) aus.

Dabei handelt es sich um vom Jobcenter subventionierte Arbeitseinsätze, die arbeitslose Menschen wieder in eine feste Anstellung bringen sollen. Die Maßnahmen

37 Vgl. www.greatplacetowork.de.

38 Vgl. Trenkwalder: Ein großartiger Arbeitgeber, in: «Frankfurter Rundschau», 22.2.2013.

39 Vgl. Amazon beschäftigt weiterhin Trenkwalder-Leiharbeiter, in: «Kleine Zeitung.at», 21.8.2013.

dauern in der Regel sechs Wochen, wobei die Personalkosten für zwei Wochen von der Agentur für Arbeit bzw. vom Jobcenter übernommen werden. Allein in Nordrhein-Westfalen hat der Konzern im Jahr 2012 in über 3000 Fällen von der Förderung profitiert. Dass ist an sich nicht verwerflich – solange diese «Praktika» am Ende in der Regel auch in feste Arbeitsverhältnisse münden.

Amazon behauptete zwar, in NRW 70 bis 90 Prozent der Praktikanten übernommen zu haben. Tatsächlich waren die Angestellten – vor allem über die Weihnachtszeit – meist nur befristet und für wenige Wochen in den Logistikzentren angestellt. Nachdem besonders die Gewerkschaften auf Amazons Vorgehen aufmerksam gemacht hatten, erlauben die Jobcenter dem Konzern die Maßnahmen nur noch in Einzelfällen.[40]

Die Politik des roten Teppichs

Obwohl den Kommunen die Ausbeutungspraktiken Amazons somit hinreichend bekannt sein dürften, heißen sie den US-Konzern dennoch meist mit offenen Armen und ausgerolltem roten Teppich willkommen. Durch die Ansiedlung neuer Logistikzentren erhoffen sie sich einen Rückgang der Arbeitslosenzahlen sowie zusätzliche Einnahmen durch Gewerbesteuern und den Verkauf von Grundstücken.

Um Amazon möglichst optimale Rahmenbedingungen zu bieten, bildet die kommunale Verwaltung mitunter spezielle Stäbe, die den Konzern gezielt unterstützen. So sichteten in Koblenz gleich sechs Angestellte des Jobcenters über Monate Tausende Bewerbungsunterlagen,

40 Vgl. Gnadenlos flexibel, in: «Die Zeit», 47/2012.

um Kräfte aus der Region für ein neues Logistikzentrum anzuwerben.

Auch bei Wünschen hinsichtlich der Infrastruktur kommen die Kommunen dem Konzern weiter als gewöhnlich entgegen. In Graben bei Augsburg etwa erhielt das neue Logistikzentrum sogar eine eigene Bahn-Haltestelle, nachdem der Konzern dies zuvor zur Bedingung für eine Ansiedlung gemacht hatte. Die Kosten in Höhe von 1,1 Mio. Euro brachten zum größten Teil die Deutsche Bahn, der Bund sowie der Immobilienkonzern Goodman auf; er hat das Logistikzentrum gebaut und vermietet es an Amazon. Die Kommune Graben zahlte immerhin 50.000 Euro.[41] Amazon selbst wurde nicht zur Kasse gebeten. Vielmehr benannte die Gemeinde großzügigerweise auch noch die Anliegerstraße nach dem Konzern: Das Logistikzentrum befindet sich heute in der Amazonstraße – wo auch sonst.

In Bad Hersfeld beliefen sich die Subventionen laut Bürgermeister Thomas Fehling auf insgesamt rund 9 Mio. Euro. Vermutlich liegen sie noch weitaus höher: Einem «Rathaus-Insider» zufolge hat die Stadt etwa 20 Mio. Euro bereitgestellt.[42]

Auch der Bund fördert Amazon großzügig. Aus dessen Mitteln erhielt der Konzern in den letzten Jahren knapp 7,1 Mio. Euro im Rahmen der Gemeinschaftsaufgabe «Verbesserung der regionalen Wirtschaftsstruktur».[43] Die gleiche Summe haben auch die Bundesländer beigesteuert. Sie durften über die genaue Vergabe der Fördermittel entscheiden; immerhin sind diese an die Verpflich-

41 Vgl. Aus dem Zug direkt in die Arbeit, in: «Augsburger Allgemeine», 19.10.2012.

42 Vgl. Gegenoffensive im Amazon-Skandal, in: «Neues Deutschland», 26.2.2013.

43 Vgl. «Handelsblatt», 8.5.2013.

tung Amazons geknüpft, geschaffene Arbeitsplätze für mindestens fünf Jahre zu besetzen bzw. auf dem Arbeitsmarkt anzubieten.

Ob sich die finanziellen Aufwendungen für die öffentliche Hand am Ende wirklich auszahlen, ist indes fraglich. Denn aufgrund der zumeist befristeten Anstellungsverhältnisse sind sie meist ohne nachhaltigen Effekt für den Arbeitsmarkt. Stattdessen drohen Mitnahmeeffekte, wenn andere Unternehmen es Amazon gleichtun. Denn Amazons prekäre Arbeitsbedingungen und niedrige Löhne drücken das Lohnniveau der Umgebung nach unten. Dies könnte die öffentlichen Kassen am Ende noch mehr Geld kosten, weil langfristig die Lohnsteuereinnahmen zurückgehen oder sie niedrige Löhne aufstocken müssen.

Aus ebendiesen Gründen zeigen sich auch nicht alle Städte erfreut über die Ansiedlung eines Amazon-Logistikzentrums. So verlangte die Stadt Hannover, dass Amazon sich verpflichtet, bis zum Jahr 2015 1000 unbefristete Arbeitsplätze zu schaffen. Zudem sorgte sich eine Bürgerinitiative um das zusätzliche Verkehrsaufkommen und verlangte von dem Konzern genauere Informationen. Amazon entschied sich daraufhin für einen anderen Standort. Die Stadt Hannover hingegen fand einen neuen Investor, der mit den Bedingungen der Stadt einverstanden war. Der Versandhändler Netrada, der den Zuschlag erhielt, versprach, auf die Bedenken der Anwohner Rücksicht zu nehmen, 1.800 Arbeitsplätze zu schaffen und auf Leiharbeiter an dem neuen Standort grundsätzlich zu verzichten.[44]

---

44 Vgl. Netrada darf auf Messegelände bauen, in: «NDR.de», 21.9.2012.

Der verpuffte Skandal?

Was ist somit geblieben vom großen Amazon-Skandal?

Die breite und erregte Debatte um Amazons Ausbeutungssystem hat bisher nur wenig an der Lage der Arbeitnehmer in den Logistikzentren geändert. Selbst die hartnäckigen gewerkschaftlichen Proteste führten wegen der unnachgiebigen Blockadehaltung Amazons bislang nur zu einigen wenigen kosmetischen Verbesserungen.

Und auch die Politik hat aus dem Skandal offensichtlich keine Lehren gezogen. Zwar begrüßte die damalige Bundesarbeitsministerin Ursula van der Leyen die Ankündigung des Geschäftsführers von Amazon Deutschland, Ralf Kleber, die Arbeit der Betriebsräte fortan zu unterstützen. Und der Chef der Bundesagentur für Arbeit, Frank-Jürgen Weise, mahnte gegenüber Amazon gerade einmal eine «gute Unternehmensführung» an. Doch mit einer freundlichen Ermahnung an Amazon, bessere Arbeitsbedingungen zu schaffen, ist es keineswegs getan. Um die Lage der prekär Beschäftigten bei Amazon – und darüber hinaus – nachhaltig zu verbessern, müsste die Politik an anderen Stellschrauben drehen und die gesetzlichen Rahmenbedingungen, die den Niedriglohnsektor erst ermöglichen, verändern. Dafür bedürfte es insbesondere einer grundsätzlichen Reform des Teilzeit- und Befristungsgesetzes sowie des Arbeitnehmerüberlassungsgesetzes.

Amazon könnte am Ende aber auch diesen Regulierungsversuchen ein Schnippchen schlagen.[45] Denn der

45 An einer Verbesserung der Arbeitsbedingungen hat Amazon nachvollziehbar wenig Interesse: «Die schlechten Arbeitsbedingungen seien der ‹Kern von Amazons Wachstumsstrategie›, sagt der Branchenanalyst RJ Hottovy vom Investmentberater Morningstar in New York. Bezos, sagt Hottovy, könne gar nicht von seiner Strategie abrücken, denn

Konzern baut derzeit weitere Logistikzentren in Osteuropa, wo die arbeitsrechtlichen Standards meist niedriger sind als in Deutschland. Von Polen oder Tschechien aus könnte Amazon auch seine Kunden hierzulande beliefern. Die deutschen Versandzentren würden für den Konzern damit an Bedeutung verlieren und die Verhandlungsmacht der Arbeitnehmer sinken.

Zudem kaufte der Konzern im März 2012 für 775 Mio. US-Dollar die Firma Kiva Systems. Kiva Systems ist auf die Versandbearbeitung mit Robotern spezialisiert. Die Maschinen sind in der Lage, einfache Aufgaben wie die der Picker weitgehend automatisch auszuführen. Derzeit produziert Amazon bereits 18.000 Roboter für seine weltweiten Lager.[46] Mit ihrer Hilfe kann ein Lagerarbeiter, so das Unternehmen, bis zu drei Mal so viele Bestellungen abfertigen wie heute.[47] Entscheidend dürfte indes sein, dass Roboter keine Lohnerhöhungen verlangen und auch nicht auf die Idee kommen zu streiken. Mit anderen Worten: Sie fügen sich widerstandslos dem unbedingten Wachstumsstreben Amazons – und entsprechen damit vollkommen den Effizienzanforderungen von Amazon-Chef Jeff Bezos.

---

höhere Löhne würden das Wachstum gefährden. Wachstum aber will Bezos um jeden Preis.» Vgl. Amazon: Auf Weltherrschaft getrimmt, in: «Zeit Online», 18.12.2013. Sowie: Inside Amazon, in «der Freitag», 51/2013.

46 Vgl. Roboter rücken bei Amazon vor, in: «Frankfurter Allgemeine Zeitung», 29.11.2013.

47 Vgl. Amazon übernimmt Kiva Systems für 775 Millionen Dollar, in: «ZDNet», 20.3.2012.

3. Jeff Bezos' Wachstumsdoktrin

In Amazons globalem Verkaufsimperium stellt die Ausbeutung der Angestellten nur eine Säule für dessen gewaltigen Erfolg dar. Um sein Motto «Work hard, have fun, make history» einzulösen, setzt Jeff Bezos darüber hinaus auf aggressives Wachstum. Entscheidend ist dabei der konsequente Verzicht auf unternehmerischen Gewinn. Bezos' Devise lautet: «Get Big Fast» – oder anders ausgedrückt: Wachstum statt Profit.[48] Auf diese Weise ist dem Amazon-Chef das schier Unmögliche gelungen: Heute dominiert der Konzern nicht nur den Buchhandel im Internet, sondern weite Teile des globalen Online-Handels insgesamt.

48 Vgl. Brad Stone, a.a.O., S. 59.

«Süchtig nach Veränderung»

Dabei hat auch Amazon einmal klein angefangen. Als sich Jeff Bezos 1994 entschloss, Amazon.com zu gründen, steckte er seine gesamten Ersparnisse in das Projekt. Zusätzlich verkaufte er seinen Eltern im Februar 1995 Anteile im Wert von 100.000 US-Dollar. Für Bezos – wie auch für seine Eltern – hat sich die Investition ausgezahlt: Das Vermögen des Amazon-Chefs wird heute auf 25 Mrd. US-Dollar geschätzt; auf der Forbes-Liste der reichsten Menschen der Welt nimmt er den dritten Platz ein.[49]

Wer aber ist Jeff Bezos? Der Multimilliardär gibt nur äußerst wenig über sein Privatleben preis. Er lebt zurückgezogen in der Nähe Seattles, seit 1993 ist er mit der Schriftstellerin MacKenzie Tuttle verheiratet, die beiden haben vier Kinder. Wie Bezos ist Tuttle Absolventin der Princeton Universität.

So beständig Bezos Privatleben zu sein scheint, so sehr ist er nach eigenen Angaben auch «süchtig nach Veränderung». Dabei weiß er nicht nur mit seinem ungewöhnlichen Lachen, sondern auch mit seinem Ideenreichtum anzustecken, wie seine Mitarbeiter immer wieder betonen.[50] Bezos selbst sieht sich als Teamplayer: «Ich mag es, wenn Andere sich auf mich verlassen. Ich mag es, wenn sich die Kunden auf uns verlassen. Und ich mag es, in einem Team zu arbeiten. Wir alle zählen aufeinander. Ich mag es, dass die Aktionäre mit uns rechnen. All das finde ich sehr motivierend.»[51]

---

49 Sein Jahresgehalt beträgt dabei nur 82.000 US-Dollar, den Großteil seines Vermögens machen die Anteile am Amazon-Konzern aus.

50 Auch das «Time Magazine», das Bezos im Dezember 1999 zur «Person des Jahres» kürte, beschrieb ihn als «pathologically happy and infectiously enthusiastic». Vgl. «Time Magazine», 27.12.1999.

51 Amazon's Jeff Bezos: The ultimate disrupter, in: «Fortune Magazine», 16.11.2012.

Gleichzeitig gilt Jeff Bezos als überaus ehrgeizig und als Perfektionist. Auch an seine Mitarbeiter legt er hohe Maßstäbe an: Dabei bringt er mitunter schroff seinen Unmut zum Ausdruck, wenn ihn eine Idee langweilt oder Angestellte nicht die gewünschten Ergebnisse erbringen. So schildert James Marcus, der ab 1996 fünf Jahre als Literaturredakteur bei Amazon arbeitete, in seinem Buch «Amazonia» eine Szene während eines Betriebsausflugs. Vor allen Kollegen forderte Bezos den damaligen Lagerleiter Laurel Canan auf, über mögliche Verbesserungen bei Amazon zu sprechen. Als Canan spontan keine Vorschläge einfielen, «begann der große Boss zu unser aller Entsetzen ihn auszuzählen. ‹Du solltest besser über diese Dinge nachdenken›, warnte ihn Jeff und drohte ihm praktisch mit erhobenem Finger. ‹Und zwar ab sofort.› Laurel starrte auf seine Schuhe und erbleichte. Es war eine sehr öffentliche, äußerst launische Schelte, die dem Rest von uns sichtlich Unbehagen bereitete und eine ganz andere Facette an dem sonst so liebenswürdigen Jeff zeigte.»[52]

Bezos ist sich offenbar bewusst, dass Empathie nicht zu seinen Stärken zählt und er nicht immer die richtigen Worte findet. In einer Rede, die er im Mai 2010 vor Princeton-Absolventen hielt, erinnerte sich Bezos, wie er seiner Großmutter während einer Autofahrt einmal die Lebenszeit vorrechnete, die ihr als Raucherin verloren gegangen sei. Statt ihn für seine Klugheit zu loben, brach die Großmutter in Tränen aus. Bezos' Großvater, der am Steuer saß, hielt den Wagen daraufhin an und sagte nur: «Jeff, eines Tages wirst Du verstehen, dass es schwieriger ist, freundlich zu sein als klug.»[53]

52 James Marcus, Amazonia. Fünf Jahre im Epizentrum der E-Commerce-Revolution, Berlin 2006, S. 58.

53 Jeff Bezos, 2010 Baccalaureate Remarks, dokumentiert unter: www.princeton.edu/main/news/archive/S27/52/51O99.

Tatsächlich ist der Erfolg Amazons nicht zuletzt der Berechenbarkeit und der Klugheit Bezos' zu verdanken – und seiner außergewöhnlichen Beharrlichkeit. Mitmenschen erscheint Bezos in dieser Hinsicht bisweilen sogar wie von einem anderen Stern: Graciela Chichilnisky, Wirtschaftsprofessorin an der Columbia Universität und ehemalige Chefin von Bezos, beschreibt ihn als wenig warmherzigen Menschen: Er habe eine kühle Persönlichkeit, die «keine psychischen Barrieren kennt», erinnert sie sich. «Es war eher so, dass er ebenso gut ein Marsianer hätte sein können. Ein wohlwollender, freundlicher Marsianer.»[54]

Der Werdegang eines Marsianers

Marsianer hin oder her – geboren ist Jeffrey Preston Bezos auf der Erde, nämlich am 12. Januar 1964 in Albuquerque, New Mexico. Sein Geburtsname lautet Jorgensen. Jeffs leiblicher Vater ließ die Familie im Stich, als sein Sohn gerade einmal eineinhalb Jahre alt war. Später nahm dieser daher den Namen seines Stiefvaters Miguel Bezos an.

In der Schule galt Jeff als überdurchschnittlich intelligent und begabt. Bereits früh zeigte sich sein technisches Interesse, etwa wenn er elektronische Geräte auseinander- und wieder zusammenbaute. «Schon als Junge wollte ich ein Tüftler sein», sagt Bezos von sich selbst. «Ich erfand einen automatischen Torschließer aus mit Zement gefüllten Reifen, einen Solarkocher aus einem Regenschirm und Aluminiumfolie – der funktionierte al-

54 Richard L. Brandt, Mr. Amazon. Jeff Bezos und der Aufstieg von amazon.com, Berlin 2012, S. 44.

lerdings nicht recht – sowie eine Alarmvorrichtung aus Backformen, um meine Geschwister zu überlisten.»[55]

Es war daher wenig überraschend, dass der Tüftler Bezos nach der Schule ein Studium der Physik an der Princeton Universität aufnahm. Allerdings dämmerte ihm rasch, dass er für die Quantenphysik nicht klug genug war: «Ich schaute mich um und erkannte, dass es drei Studenten in meiner Klasse gab, die um vieles besser waren als ich – und dass ihnen das Studium erheblich leichter fiel. Es war eine bestürzende Einsicht: Da gab es Menschen um mich herum, deren Gehirne so anders funktionierten als das meine.»[56] Bezos zog daraus einen für ihn typischen, pragmatischen Schluss: Er wechselte kurzerhand zum Hauptfach Informatik – das er mit Bravour abschloss.

Nach seinem Studium arbeitete Bezos bei verschiedenen Unternehmen, vor allem im Finanzwesen. Im Dezember 1990 landete er schließlich bei D. E. Shaw, einer gerade zwei Jahre alten Firma, die unter anderem ein hochmodernes, computergestütztes Handelssystem für die Wall Street entwickelt hatte. Dieses konnte innerhalb von Sekunden auf geringste Kursveränderungen reagieren und Papiere ankaufen oder abstoßen. Der Firmengründer David Shaw – zuvor Juniorprofessor für Informatik an der Columbia Universität – galt im Finanzhandel wie auch im Silicon Valley als eine geniale «Mischung aus Einstein, Midas und Rasputin».[57]

Bezos bewunderte Shaw, doch auch er selbst konnte mit dem Verlauf seiner noch jungen Karriere mehr als zufrieden sein: Mit gerade einmal 26 Jahren war er stell-

55 Vgl. Jeff Bezos, 2010 Baccalaureate Remarks, a.a.O.

56 The inner Bezos, in: «Wired», 7/1999.

57 Vgl. Wall Street's King Quant David Shaw's Secret Formulas Pile Up Money. Now He Wants a Piece of the Net. In: «Fortune Magazine», 5.2.1996.

vertretender Geschäftsführer eines erfolgreichen wie renommierten Unternehmens und bezog ein hohes Gehalt. Seine Aufgabe bestand darin, ein 24köpfiges Team zu leiten und neue Marktchancen für computergestützte Handelssysteme zu erforschen. Bei ebendieser Suche stieß Bezos eines Tages auf das ungeheure Wachstum des noch jungen Internets – eine Entdeckung, die sein Leben für immer verändern sollte.

Faktor 2300: Das Internet als Wachstumsmarkt

Im Jahre 1990, in dem Bezos bei D. E. Shaw seine Arbeit aufnahm, steckte das Internet noch in den Kinderschuhen. Tim Berners-Lee, der Begründer des World Wide Web, hatte soeben den ersten Webbrowser unter dem Namen WorldWideWeb entwickelt, der erstmals auch Grafiken anzeigen konnte. Vier Jahre später wuchs das Netz bereits um den Faktor von etwa 2300 pro Jahr an. Die Frage, die sich Bezos umgehend stellte, lautete: Wie lässt sich mit einem solch sagenhaften Wachstum Geld verdienen?[58]

Um eine Antwort auf diese Frage zu finden, suchte Bezos gezielt nach einem Produkt, das er im Internet verkaufen konnte. Seine Wahl fiel schließlich auf das Buch. Der US-Buchhandel befand sich Mitte der 1990er Jahre zwar fest in der Hand großer Ketten: Allein *Barnes & Noble* und die *Borders Group* beherrschten zusammen ein Viertel des Marktes. Zudem gab es zwischen New York und San Francisco mehr als 4000 unabhängige Buchläden; ihr Marktanteil lag bei rund 21 Prozent.

58 Vgl. Jeff Bezos, Interview, 4.5.2001, www.achievement.org/autodoc/page/bez0int-1. Vgl. dazu auch: Brad Stone, a.a.O., S. 32.

Dennoch war Bezos aus zwei Gründen zuversichtlich, dass der Online-Verkauf von Büchern erfolgreich sein könnte. Zum einen wurden Bücher gut nachgefragt: 1994 erwarben die Amerikaner über 500 Mio. Bücher im Gesamtwert von insgesamt 19 Mrd. US-Dollar, darunter 17 Beststeller, die sich jeweils über eine Million Mal verkauften. Zum anderen war Mitte der 90er Jahre noch keine der großen Buchhandelsketten mit einem eigenen Online-Shop im Internet vertreten.[59]

Nichtsdestotrotz kam Bezos' Vorhaben zu Beginn dem Kampf Davids gegen Goliath gleich. Bezos wusste, dass er möglichst rasch wachsen musste, um als Solitär den mächtigen Buchhandelsketten die Stirn bieten zu können. Trotz der Risiken entschloss er sich, seine hochdotierte Stelle bei D. E. Shaw zu kündigen.

Die Entscheidung fiel Bezos ganz und gar nicht leicht. Schließlich überzeugte ihn das «Reue-Minimierungs-System»: Er stellte sich vor, dass er mit 80 Jahren auf sein Leben zurückschauen und sich fragen würde, welche Entscheidungen er rückblickend bereuen würde. Bezos kam zu dem Schluss, dass er es mehr bedauern würde, nicht in den Buchhandel eingestiegen zu sein, als zu scheitern.[60]

1994 zog Bezos daher mit seiner Frau nach Seattle, um dort eine eigene Firma zu gründen. Die verregnete Stadt im Nordwesten der USA galt schon damals neben dem Silicon Valley als führendes Technologiezentrum der Vereinigten Staaten – sie ist unter anderem die Geburtsstadt und Firmensitz von Microsoft. Zudem liegt nur

---

59 Es gab damals nur drei größere Anbieter, die Bücher im Internet verkauften: den Computer Literacy Bookstore (clbooks.com), O'Reilly & Associates (ora.com) sowie den Stanford University Bookstore, der 1992 unter www.books.com online ging und in seiner Online-Datenbank 40.000 Titel bereithielt.

60 Vgl. Brad Stone, a.a.O., S. 34.

wenige Fahrstunden von Seattle entfernt ein großes Vertriebszentrum der *Ingram Book Group*, dessen Lagerkapazitäten Bezos von Nutzen sein sollten.

Von Abrakadabra zu Amazon

Ein Firmenstandort war schnell gefunden. Bezos mietete ein Drei-Zimmer-Apartment im Vorort Bellevue im Osten Seattles, zu dem auch eine Garage gehörte. So kann sich Amazon wie die meisten großen Internetunternehmen damit schmücken, ein Garagen-Startup zu sein.

Bevor es losgehen konnte, benötigte Bezos noch einen passenden Namen für sein neues Projekt. Den anfänglichen Favoriten «Cadabra» – in Anlehnung an «Abrakadabra» – verwarf er alsbald wieder, als sich herausstellte, dass die phonetische Nähe zum englischen Wort «Cadaver» (Kadaver) zu groß war.[61] Schließlich entschied er sich für die Firmenbezeichnung Amazon. Drei Gründe gaben damals den Ausschlag: Erstens, so die Hoffnung Bezos', würde Amazon in alphabetisch sortierten Listen immer oben platziert sein. Zweitens zeige der Name, dass Amazon jedes Buch von A bis Z liefern könne. (Im heutigen Firmenlogo verbindet daher auch ein orangefarbener Pfeil die beiden Buchstaben symbolisch miteinander.) Drittens steht der Name sinnbildlich für das Hauptziel des Konzerns: Wie der größte Fluss der Welt, der Amazonas, wollte Bezos die Welt mit einem Strom brauner Pakete überschwemmen.

Unmittelbar nach dem Umzug warb Bezos zwei talentierte aber noch weitgehend unerfahrene Programmierer an. Gemeinsam begannen sie damit, die Website

61 Vgl. Birth of a Salesman, in: «The Wall Street Journal», 15.10.2011.

und eine gewaltige Datenbank zu programmieren. Bezos verfolgte dabei ein hehres Ziel: Über eine Million Buchtitel sollte die Datenbank beim Start von Amazon.com aufweisen – und damit weit mehr als die des stationären Buchhandels. Eine solche Menge an Büchern hatte Amazon.com natürlich nicht vorrätig. Stattdessen wollte Bezos die Bücher bei Großhändlern ordern, sobald die Kunden sie bei ihm bestellten. Somit war es vor allem ein medienwirksamer Marketinggag, als Amazon.com am 16. Juli 1995 mit der Behauptung online ging, «die größte Buchhandlung der Welt» zu sein.

Der Kunde ist König

Bezos ging es indes um weit mehr als nur um eindrucksvolle Zahlen. Er war von Anfang an überzeugt, dass die Wünsche der Kunden im Zentrum von Amazon stehen müssten. Aus diesem Grund sollte die Website dem Besucher ein möglichst angenehmes, reibungsloses Einkaufserlebnis bereiten.

Aus Bezos' Sicht ist die beste Kundenhotline jene, die erst gar nicht in Anspruch genommen werden muss. Denn ein direkter Ansprechpartner ist nur dann erforderlich, wenn die Wünsche des Kunden unzureichend befriedigt werden.[62] Beschwerden und Nachfragen wollte Bezos daher möglichst vermeiden – durch eine pünktliche und zuverlässige Lieferung sowie einen kulanten Kundenservice.

Aus diesem Grund lag der Fokus der Programmierer beim Aufbau der Amazon-Website zum einen auf Komfort und Geschwindigkeit. Die Kunden sollten Titel schneller finden und bestellen können, als bei traditionellen Buch-

62 Die niedrigen Kundenkontaktzahlen sind ein wesentlicher Grund, dass der Konzern heute schwarze Zahlen schreibt. Vgl. Eins nach dem anderen, in: «Brand Eins», 6/2008, S. 24–32.

handlungen, deren Mitarbeiter damals meist noch mühsam von Hand ein Bestellformular ausfüllen mussten.

Zum anderen wollte Bezos termingerecht liefern. Dank eines verfeinerten, eigens für Amazon entwickelten sogenannten Bestandsverfolgungssystems wussten die Kunden genau, wann sie ihre Bestellung mit der Post erhalten würden. Bezos wies die Programmierer zudem an, eine konservative Schätzung des Lieferdatums anzugeben, um die Kunden bei einer vorzeitigen Zustellung positiv zu überraschen.

Beschwerte sich ein Kunde doch einmal, weil ein angekündigter Liefertermin nicht eingehalten worden war, zeigte sich Amazon kulant und erstattete ihm die Versandkosten. Außerdem durften die Kunden Waren, die ihnen nicht zusagten, umtauschen und kostenlos an Amazon zurücksenden.

Diese Kundenorientierung hat indes eine Kehrseite. Denn die Kunden liefern Bezos auch einen wichtigen Rohstoff für sein Geschäft: ihre Daten. Schon früh verfolgte Bezos das Ziel, durch das Sammeln von Nutzerdaten jedem Kunden ein auf ihn zugeschnittenes Angebot zu präsentieren. Zu Beginn witzelte er noch mit den Programmierern, am besten sei es, wenn jeder Amazon-Kunde bei dem Besuch der Website nur noch ein auf ihn zugeschnittenes Angebot erblicken würde – nämlich jenes eine Buch, das er als nächstes kauft.[63]

Aus dem Spaß wurde allerdings schon bald geschäftlicher Ernst: James Marcus beschreibt, wie Bezos bereits in den Anfangsjahren von Amazon davon schwärmte, mit Hilfe endloser Datensammlungen «ganze Bevölkerungen nach sehr feinen Kriterien zu unterscheiden. Ähnlichkeiten verbänden sich mit Neigungen, und unsere Vorlie-

---

63 Vgl. Brandt, Mr. Amazon, a.a.O, S. 68.

ben und Abneigungen – von Beethoven über Grillsoßen, Shampoo und Schuhcreme zu Fernsehserien – ergäben ein unverwechselbares Profil, das uns mit unseren 9.999 Seelenverwandten verbindet.»[64]

Tatsächlich wuchs im Laufe der folgenden Jahre mit den Umsätzen auch der Umfang der Amazon-Datenbanken stetig an, in denen die Nutzerprofile der Kunden hinterlegt waren. Heute werten Amazons Server längst sämtliche Kundenaktivitäten aus, um möglichst treffsichere Kaufempfehlungen zu machen. Inzwischen dürfte der Konzern die Interessen und Neigungen seiner Kunden bis ins Detail kennen – mitunter noch bevor diese sich ihrer bewusst sind.

Strategie der roten Zahlen: Um jeden Preis günstiger

Doch kehren wir vorerst zu den Wurzeln des Unternehmens zurück. Schon kurz nach dem Start erlangte Amazon.com tatsächlich den Ruf, ein überaus kundenfreundlicher Anbieter mit der größten Auswahl und der zuverlässigsten Lieferung zu sein.

Amazon trat zudem in einen harten Unterbietungswettbewerb mit den etablierten Buchhandelsketten. Auf sämtliche seiner lieferbaren Titel räumte das Unternehmen 10 Prozent Rabatt ein. Und da Barnes & Noble auf Bestseller sogar einen Preisnachlass von bis zu 20 Prozent einräumte, ging Amazon.com bis zu 30 Prozent mit dem Preis herunter.[65]

Die Strategie ging auf: Bereits in den ersten Tagen er-

64 Vgl. Marcus, a.a.O., S. 91.

65 In den USA gibt es keine Buchpreisbindung, daher sind dem Preiswettbewerb nach unten theoretisch keine Grenzen gesetzt.

hielt Amazon ein halbes Dutzend Bestellungen täglich, der Umsatz in der ersten Woche betrug 12.438 Dollar.[66] Anfangs hatte das Team noch einen Klingelton installiert, der bei jeder eingehenden Bestellung ertönte. Doch schon bald schalteten die Mitarbeiter diesen wieder ab, weil sie das fortwährende Geklingel nicht länger ertrugen. Schon im Oktober waren es durchschnittlich über 100 Bestellungen pro Tag. Nach nur einem Jahr lag die Zahl der Bestellungen schon bei über 2400 Büchern pro Tag, und nach weiteren 12 Monaten waren es mehr als 48.000.[67]

Amazons Börsengang: «Was zählt, ist die langfristige Entwicklung»

Die hohen Investitionskosten infolge des steilen Wachstums sowie die hohen Rabatte forderten bald ihren Tribut: Amazon brauchte dringend frisches Kapital.

Zu Bezos' Glück wurden Anfang 1996 die ersten Risikokapitalgeber auf das erfolgreiche Startup aufmerksam. Nach langen Verhandlungen erhielt Amazon schließlich acht Mio. US-Dollar von dem Investor *Kleiner Perkins Caufield & Byers (KPCB)*, einem der größten Risikokapitalgeber des Silicon Valley. Statt damit die Firmenschulden zu begleichen, steckte Bezos das Geld in neue Mitarbeiter und den weiteren Ausbau der Website. Infolgedessen stiegen die Umsätze noch steiler an, und nur zwei Jahre, nachdem Amazon seine ersten Kundenbestellungen entgegengenommen hatte, ging das Unternehmen am 14. Mai 1997 an die Börse.

66 Jeff Bezos: Amazon.com's «dread pirate» founder, in: «The Guardian», 6.8.2013.

67 Vgl. Brandt, Mr. Amazon, a.a.O, S. 84.

Der Börsengang erfolgte zeitgleich mit dem Beginn des Internetfiebers kurz vor der Jahrtausendwende und brachte Amazon am ersten Tag einen Ertrag von 54 Mio. Euro ein; der Wert des Unternehmens wurde auf rund 429 Mio. Euro taxiert. Ein großer Erfolg, obwohl Bezos im Vorfeld mehrfach betont hatte, dass er nicht auf den schnellen Profit aus war. Um keinen Preis wollte er das künftige Umsatzwachstum und die große Kundenloyalität zugunsten kurzfristigen Gewinns opfern: «Es wäre die einfachste Entscheidung der Welt, profitabel zu sein. Es wäre aber auch die dümmste.»[68]

Kurz zuvor hatte Bezos einen ersten Brief an die Aktionäre geschrieben, in dem er seine Geschäftsstrategie darlegte: «Was zählt, ist die langfristige Entwicklung». Zugleich warnte er die Anleger, dass «wir Entscheidungen treffen und Geschäfte anders bewerten werden als manch andere Unternehmen».[69]

Den Blick fest nach vorn gerichtet hoffte Bezos auch, die negativen Quartalszahlen und Jahresabschlüsse ignorieren und sich stattdessen auf das Konzernwachstum konzentrieren zu können: «Allein indem man den Zeithorizont verlängert», so rechtfertigte er seine Strategie, «kann man Wege einschlagen, die man sonst nicht verfolgen würde. Bei Amazon ziehen wir es vor, uns auf Planungsphasen von fünf bis sieben Jahren zu konzentrieren. Wir setzen den Samen, lassen ihn wachsen – und dabei können wir sehr stur sein. Wir denken von uns selbst, dass wir eigensinnig bei unseren Visionen und flexibel in den Details sind.»[70]

---

68 Vgl. Payoff Still Elusive In Internet Gold Rush, in: «New York Times», 2.1.1997.

69 Vgl. Taking the long view, in: «The Economist», 3.3.2012.

70 Jeff Bezos Owns the Web in More Ways Than You Think, in: «Wired Magazine», 13.11.2011.

Entsprechend unbeirrt verfolgte Bezos weiterhin seine Preispolitik: Auch nach dem Börsengang rabattierte er mehr als 400.000 Bücher um bis zu 40 Prozent, um der Konkurrenz Kunden abzujagen und den Buchhandelsketten den Einstieg in das Online-Geschäft zu erschweren. Jeden verbleibenden Cent investierte Bezos darüber hinaus in den Ausbau des Unternehmens. Im September 1997 vergrößerte Amazon seine Lagerkapazitäten und hatte fortan mehr als 300.000 Bücher vorrätig. Auch wenn die Datenbank zu diesem Zeitpunkt bereits über 3,1 Mio. Einträge verfügte, reichte diese Menge aus, um 95 Prozent der bestellten Bücher noch am gleichen Tag zu verschicken.[71]

Die investierten Millionen hatten auf Amazon eine ähnliche Wirkung wie Anabolika auf einen Bodybuilder: Bis Ende 1998 verdoppelte sich der Amazon-Umsatz im Schnitt alle 2,4 Monate. Auch die Anleger schienen weiterhin von der Strategie Bezos' überzeugt: Ein Jahr nach dem Börsengang war der Aktienkurs von 18 auf 105 US-Dollar angestiegen.

Zu diesem Zeitpunkt konnte Amazon vor Kraft kaum laufen – aus dem David war längst ein Goliath geworden. Das Unternehmen war offiziell fünf Mrd. US-Dollar wert, und nichts schien seinen weiteren Aufstieg aufhalten zu können: Es galt als starke Marke, hatte einen Riesenvorsprung vor der Konkurrenz und war inzwischen in die erste Liga der amerikanischen Unternehmen aufgestiegen.

Und der Konzern expandierte weiter: zum einen ins Ausland – seit dem 15. Oktober 1998 ist Amazon auch auf dem britischen und dem deutschen Markt vertreten –, zum anderen in neue Geschäftsfelder. Im Juni 1998 nahm Amazon mit großem Erfolg Musik-CDs in sein

71 Vgl. Brandt, Mr. Amazon, a.a.O, S. 102 f.

Angebot auf. Damit wurde auf einen Schlag deutlich, dass es der Konzern nicht nur auf den Buchhandel abgesehen hatte: «Unsere Strategie lautet, *die* Anlaufstelle für den Internethandel zu werden», verkündete Bezos. «Sobald jemand darüber nachdenkt, etwas im Internet zu kaufen, sollen sie zuerst zu uns kommen – selbst wenn wir es nicht im Angebot haben sollten. Wir wollen es Konsumenten erleichtern, online Produkte zu finden und zu entdecken, die sie kaufen möchten, selbst wenn nicht wir es sind, die sie verkaufen.»[72]

Vom Crash zum Kursfeuerwerk

Doch gerade als sich Amazon anschickte, den gesamten Online-Handel und die weite Welt zu erobern, drehte sich der Wind plötzlich. Auf einmal rächte sich, dass Bezos bis dahin eines nicht erreicht hatte: die Gewinnzone. Der Riese Amazon entpuppte sich als Scheinriese.

Zwar verfügte Amazon Ende 1999 bereits über fünf riesige Hightech-Lagerhallen mit computergesteuerter Verwaltung; insgesamt 5000 Mitarbeiter verschickten tagtäglich eine Million Pakete. Zugleich machte der Konzern bei einem Jahresumsatz von 1,5 Mrd. Dollar 720 Millionen Dollar Verlust – und damit fast die Hälfte des Umsatzes. Die Gesamtschulden beliefen sich damals auf 2 Mrd. Dollar, allein die Tilgung der Zinsen verschlang jedes Jahr 25 Mio. Dollar.[73]

Und gerade als Amazon das Wasser bis zum Hals stand, platzte im Sommer 2000 an der New Yorker Börse auch

72 Damn! What a nice, bookish tycoon, in: «The Independent», 16.11.1998.

73 Vgl. Brandt, Mr. Amazon, a.a.O, S. 118.

noch die Internetblase. Kurz zuvor noch hoch dotierte Unternehmen verschwanden von einem Tag auf den anderen von der Bildfläche, und nicht wenige sahen auch Amazon dem Untergang nahe. Tatsächlich verlor dessen Aktie bis Ende 2000 innerhalb eines Jahres 90 Prozent ihres Werts: Im Dezember 2000 kostete sie gerade einmal 15 Dollar.

Nachdem sich der Jahresverlust gleichzeitig innerhalb von 12 Monaten auf 1,4 Mrd. Dollar verdoppelte, zog Bezos schließlich die Reißleine. Bereits zuvor hatte er die Betriebsausgaben um rund 20 Prozent reduziert, ohne dass die erhoffte Wirkung eintrat. Als die Amazon-Aktie weiter abstürzte, kam Bezos den Forderungen der Anleger nach und leitete einen noch radikaleren Sparkurs ein: Gleich reihenweise tauschte er Manager aus und feuerte Anfang 2001 auf einen Schlag 1300 Mitarbeiter – immerhin etwa 15 Prozent der Belegschaft.[74]

Diese harten Maßnahmen brachten schließlich die Wende: Im vierten Quartal 2001 erzielte Amazon erstmals in seiner Unternehmensgeschichte einen Nettogewinn in Höhe von 5 Mio. Dollar. Noch im Vorjahresquartal hatte der Verlust bei 545 Mio. Dollar gelegen.[75] Die Anleger zeigten sich hocherfreut: Der Aktienkurs zog innerhalb weniger Wochen um 20 Prozent an. Aus Sicht der Analysten hatte Bezos endlich das Fundament für die Rentabilität seines Unternehmens gelegt. In den Folgejahren verbuchte Amazon zwar weiterhin regelmäßig Verluste, diese fielen jedoch im Vergleich zu früher weitaus geringer aus. Bis heute halten die Anleger Bezos die Treue: Im Juli 2013 überschritt der Kurs der Amazon-Aktie erstmals

---

74 Vgl. Amazon cutting 15 percent of staff; beats estimates, in: www.cnet.com, 30.1.2001.

75 Vgl. Amazon posts its first net profit, in: www.cnet.com, 22.1.2002.

gar die 300-Dollar-Marke, und laut Analysten ist das Ende der Fahnenstange damit noch lange nicht erreicht.[76]

Die Frage, wie mit dem Internet Geld zu verdienen ist, hat Jeff Bezos zumindest aus Sicht der Anleger eindeutig beantwortet. Und spätestens wenn er die umsatzstärksten Konkurrenten im Buchhandel ausgeschaltet hat, wird Amazons kostenaufwändiger Expansionskurs auch die von den Anlegern lang ersehnten, fetten Dividenden abwerfen.

Von diesem Ziel ist der Amazon-Chef nicht mehr allzuweit entfernt. Denn insbesondere die großen Buchhandelsketten haben Bezos' Beharrlichkeit lange Zeit massiv unterschätzt. Amazons aggressivem Wachstumskurs setzten sie von Beginn an viel zu wenig entgegen. Heute kämpfen die einstigen Buchhandelsriesen in den USA um ihr Überleben. Und auch die hiesigen Buchhandelsketten haben das Online-Geschäft lange vernachlässigt und Amazon damit bereitwillig das Feld überlassen. Die Folge: Auch Thalia, Hugendubel und Co. geraten durch Amazons aggressive Wachstumsstrategie ins Wanken – und drohen wie dessen amerikanische Konkurrenten zu stürzen.

---

76 Vgl. Amazon: Auf Weltherrschaft getrimmt, in: «Zeit Online», 18.12.2013.

4. Der Angriff auf den Buchhandel

Vor allem zwei Ketten dominierten über Jahre das amerikanische Buchhandelsgeschäft: die Borders Group sowie Barnes & Noble. Mitte der 90er Jahre verfügten sie zusammen noch über einen Marktanteil von 40 Prozent. Doch innerhalb weniger Jahre wendete sich das Blatt: 2011 warf Amazon die Borders Group aus dem Rennen. Das amerikanische Unternehmen musste Insolvenz anmelden und landesweit rund 400 Geschäfte schließen. Barnes & Noble strauchelt heute ebenfalls. Ihr Umsatz sank im dritten Geschäftsquartal 2012/2013 im Vergleich zum Vorjahr um knapp neun Prozent.

Dass die mächtigen Buchhandelsketten innerhalb weniger Jahre derart ins Wanken gerieten, hat selbst Branchenkenner überrascht. Dabei haben sie ihren Niedergang zum Teil selbst zu verantworten. Zu lange vertrauten sie auf ihre langjährige Erfahrung im Buchgeschäft, einen treuen Kundenstamm und das dichte Filialnetz in den großen US-Städten. Dieses Verharren machte sich Jeff Bezos zunutze: Vor allen anderen war er im Internet und damit zur richtigen Zeit am richtigen Ort. Auf diese Weise konnte er einen entscheidenden Vorsprung gegenüber Buchhandelsketten wie Borders oder Barnes & Noble herausholen.

Der Untergang der Borders Gruppe

Die Borders Gruppe wurde 1971 gegründet. Sie verfügte schon damals über ein geradezu revolutionäres System, mit dem sie ihre Lagerbestände und Verkäufe erfasste. Damit wusste die Unternehmensführung nicht nur stets genau, wo in den USA welche Bücher gekauft wurden, sondern vermochte mit hoher Präzision auch Verkaufstrends vorherzusagen.

Nicht nur ihr Logistiksystem unterschied die Borders Gruppe von anderen Ketten. Auch von deren Discounter-Image setzten sich ihre *Superstores* bewusst ab. Die Verkaufsräume waren geschmackvoll eingerichtet und glichen denen inhabergeführter Buchläden. Es gab gemütliche Leseecken und das Personal war gut ausgebildet. Außerdem gehörten die Läden zu den wenigen Orten in den Vereinigten Staaten, wo die Kunden neben ausgesuchten Literaturmagazinen und akademischer Fachliteratur auch Romane erhielten, die nicht von Bestsellerautoren stammten.

Dass Borders in den letzten Jahren seines Bestehens dennoch erhebliche Marktanteile einbüßte, hängt nicht zuletzt mit einer Reihe von Fehlentscheidungen der Unternehmensführung zusammen – insbesondere mit Blick auf die Online-Strategie. Erst drei Jahre nach Amazon wagte sich Borders ans Internetgeschäft. Damit nicht genug: Da der Erfolg im Online-Handel ausblieb, entschied sich die Kette 2001 ausgerechnet mit Amazon zu kooperieren – dem ärgsten und am schnellsten wachsenden Konkurrenten. Der Deal sah vor, dass Amazon das Online-Geschäft der Borders Gruppe übernimmt, während diese sich auf den Buchverkauf in den Superstores konzentriert.

Erst nach sieben Jahren kündigte Borders die Zusammenarbeit mit Amazon wieder auf. Zu diesem Zeitpunkt lag Amazon jedoch schon uneinholbar weit vorn: Während der Internetkonzern 2008 eine Umsatzsteigerung von 16 Prozent verbuchte, ging Borders' Absatz im gleichen Jahr um 9 Prozent zurück.[77] Und obwohl der monatliche Umsatz pro Ladenquadratmeter von 1997 bis 2009 um mehr als ein Drittel sank, eröffnete die Kette in ihren letzten Jahren sogar noch weitere Riesenfilialen.

So kam es, wie es kommen musste: Zwischen 2008 und 2010 brach der Umsatz mit Büchern um mehr als ein Viertel ein. Gleichzeitig erhöhte sich der Nettoverlust von rund 187 Mio. auf knapp 300 Mio. US-Dollar.[78] Im Jahr 2011 schließlich meldete Borders, die mit 399 Filialen damals immer noch zweitgrößte Buchhandelskette der USA, Insolvenz an.[79]

Barnes & Noble: Der wankende Riese

Barnes & Noble, der Nummer Eins im US-Buchhandel, erging es in den vergangenen Jahren nur wenig besser: Die Kette hat bisher ebenfalls kein Rezept gegen die wachsende Konkurrenz aus dem Internet gefunden und erheblich an Boden verloren.

Dabei verfügte das Unternehmen bereits vor Borders über einen eigenen Online-Shop. Seit Mai 1997 – und damit «nur» zwei Jahre nach Amazon – verkauft auch Barnes & Noble Bücher im Netz; erneut zwei Jahre nach dem

77 Vgl. Amazon, Barnes & Noble and Book Store Sales Numbers Annual Update, www.fonerbooks.com/booksale.htm.

78 Vgl. Borders Group net loss in the United States from 2006 to 2010, in: www.statista.com/statistics/198627/borders-net-loss-by-fiscal-year; Borders' rise and fall: a timeline of the bookstore chain's 40-year history, in: www.annarbor.com, 18.7.2011.

79 Vgl. dazu: Brad Stone, a.a.O., S. 312f.

Internetkonzern, im Juli 2009, begann die Kette E-Books zu vertreiben. Im Oktober 2009 brachte sie zudem einen eigenen E-Reader auf den Markt, den Nook. Zwei Jahre später folgte obendrein ein eigenes PC-Tablet.

Obwohl Barnes & Noble damit für das Online-Geschäft gewappnet schien, blieb der ökonomische Erfolg aus. Der Absatz in den Läden ging in den vergangenen fünf Jahren kontinuierlich zurück – von knapp 5,3 Mrd. US-Dollar im Jahr 2007 auf gut 4,5 Mrd. Dollar im Jahr 2013. Gleichzeitig betrug der Nettoverlust 2013 rund 158 Mio. Dollar.[80] Infolgedessen musste Barnes & Noble zahlreiche unprofitable Standorte schließen[81]: Seit 2008 ist die Zahl seiner Buchhandlungen stetig zurückgegangen.[82] Die Geschäftsführung kündigte zudem an, in den kommenden Jahren weitere 30 Prozent der Barnes & Noble-Läden zu schließen.[83]

Aber auch das wichtige Online-Geschäft schreibt tiefrote Zahlen, und insbesondere das Nook bleibt ein Sorgenkind. Mit einem Umsatzminus von 17 Prozent und einem Verlust von 475 Millionen US-Dollar ist das digitale Segment im Geschäftsjahr 2012/13 maßgeblich für die verheerenden Wirtschaftszahlen der Kette verant-

---

80 2008 gab es 726 B&N-Ladengeschäfte in den USA, 2013 waren es 675. Vgl. Barnes & Noble‘s net earnings from fiscal year 2005 to fiscal year 2013 (in million U.S. dollars), www.statista.com/statistics/274185/4/barnes-and-nobles-net-earnings.

81 Vgl. Barnes & Noble net sales in fiscal years 2005 to 2013, by commerce segment (in million U.S. dollars), www.statista.com/statistics/199008/4/barnes-und-noble-net-sales-by-commerce-segment.

82 Vgl. Number of Barnes & Noble stores from fiscal year 2005 to fiscal year 2013, by type, www.statista.com/statistics/199012/4/number-of-barnes-noble-stores-by-type-and-year-since-2005.

83 Noch sind die rund 700 Universitätsbuchhandlungen eine wichtige ökonomische Stütze. Zumindest hier kann die Kette gegen Amazon punkten – zumal dieser Markt besonders umkämpft ist, da Lehrbücher zumeist teurer sind als Publikumstitel und zugleich geringer rabattiert werden.

wortlich. Der Hauptgrund ist die fehlende Akzeptanz der Geräte bei den Endkunden: Barnes & Noble bieten zwar gute Hardware an, ihr Angebot an Medieninhalten kann aber nicht mit denen von Amazon oder Apple mithalten. Die Kunden entscheiden sich daher meist für deren Geräte.[84]

Aus diesem Grund steht das Digitalgeschäft von Barnes & Noble derzeit auf der Kippe. Im Sommer 2013 erwog der Konzern sogar vorübergehend, sich komplett aus dem Tabletgeschäft zurückzuziehen und sich allein auf das Buchgeschäft zu konzentrieren. Rechtzeitig zum Weihnachtsgeschäft präsentierte er indes überraschenderweise neue Tablets – allerdings ist weiterhin keine rettende Unternehmensstrategie erkennbar. Ob Barnes & Noble somit überhaupt das kommende Jahrzehnt überstehen wird, ist mehr als ungewiss. Fest steht schon jetzt: Fiele auch die Nummer 1 des amerikanischen Buchhandels, stünde Amazon auf dem amerikanischen Markt keine nennenswerte Konkurrenz mehr gegenüber.[85]

USA: Land ohne Buchhandlungen

Die Folgen wären überaus dramatisch. Der Buchverkauf in den USA hat sich schon jetzt weitgehend ins Internet verlagert: Mehr als zwei Drittel aller Käufe werden online getätigt. Zugleich sind die Verkaufsumsätze des

84 Vgl. Überleben in Zeiten von Amazon, www.boersenblatt.net, 9.8.2013. Dieser Trend setzt sich im Geschäftsjahr 2013/14 offenbar fort: Vgl. Barnes & Noble business falls more than 32 %, in: www.geekwire.com, 26.11.2013 sowie: Nook verdirbt Umsatz, in: «boersenblatt.net», 10.1.2014.

85 Die heute zweitgrößte Kette Books-A-Million betreibt derzeit rund 250 Buchläden in den USA. Auch ihr Umsatz ist rückläufig. Vgl. Losses mount faster in stores than online for Books-A-Million in Q2, www.internetretailer.com, 28.8.2013.

stationären Buchhandels seit 2007 insgesamt um knapp 20 Prozent zurückgegangen. Just im gleichen Jahr stieg Amazon zum umsatzstärksten Buchhändler der USA auf. In den kommenden Jahren könnte er sogar zum Monopolisten auf dem amerikanischen Buchmarkt werden.

Auch für die amerikanischen Innenstädte wäre eine solche Entwicklung fatal. Deren Verödung ist bereits weit vorangeschritten. In den vergangenen zwanzig Jahren hat sich die Zahl der unabhängigen Buchläden in den USA mehr als halbiert. Heute gibt es nur noch rund 1900 von ihnen.[86] Eine Buchhandlung findet man daher selbst in amerikanischen Großstädten nur noch mit Mühe.

Der deutsche Buchhandel im Sinkflug

Hierzulande deutet sich eine ähnliche Entwicklung an. Zwar verfügt die Bundesrepublik weltweit noch immer über die höchste Buchhandelsdichte: Auf rund 17.000 Einwohner kommt etwa ein Geschäft. Gleichzeitig wuchsen die Umsätze des deutschen Buchhandels zwischen 1990 und 2012 um gerade einmal 3,2 Prozent. Eine Kehrtwende ist nicht in Sicht, im Gegenteil: Bereits im dritten Jahr in Folge verzeichnet der stationäre Buchhandel ein Umsatzminus.[87] Bis 2015 soll der Umsatz gegenüber dem von 2012 um bis zu 20 Prozent zurückgehen.[88]

86 Vgl. Steve Wasserman, The Amazon Effect, in: «The Nation», 18.6.2012.

87 2012 erwirtschaftet der deutsche Buchmarkt einen Umsatz von gut 9,5 Mrd. Euro. Auf den Sortimentsbuchhandel entfiel dabei zwar knapp die Hälfte (4,6 Mrd. Euro). Gleichzeitig sank dessen Umsatz im Vergleich zum Vorjahr um 3,7 Prozent. Siehe auch Abbildung 1, Seite 116.

88 So ein Ergebnis einer Umfrage des Börsenvereins des Deutschen Buchhandels aus dem Jahr 2012. Vgl. Der Buchhandel verliert seine besten Kunden, in: «Frankfurter Allgemeine Zeitung», 7.6.2012.

Buchhandelsketten als Sanierungsfall

Infolgedessen ist auch in Deutschland die Zahl der inhabergeführten Buchhandlungen in den letzten zehn Jahren von gut 4600 auf rund 3500 zurückgegangen. Vor allem aber die Buchhandelsketten spüren den wachsenden Druck. Ihnen ergeht es kaum besser als ihren amerikanischen Pendants.

Dabei sind die Ketten noch immer die Platzhirsche im deutschen Buchhandel: Die zehn größten stationären Unternehmen erwirtschaften knapp 21 Prozent des Gesamtumsatzes am Buchmarkt – also gut ein Fünftel. Betrachtet man allein die Verkäufe in den Ladengeschäften, sind es sogar 42 Prozent. Mit anderen Worten: Vier von zehn Euro, die in Buchhandlungen ausgegeben werden, landen in den Ladenkassen der zehn größten Ketten.[89]

Die umsatzstärkste unter ihnen ist Thalia. Sie unterhält im deutschsprachigen Raum rund 300 Filialen und verzeichnete 2012 einen Umsatz in Höhe von 984 Mio. Euro. Auf Platz zwei folgte die Deutsche Buch Handels GmbH (DBH), ein Zusammenschluss aus Weltbild, Jokers, Hugendubel, Weiland, Wohlthat'sche und DBH Warenhaus. Die DBH besaß im Jahr 2012 420 Filialen und verbuchte einen Umsatz in Höhe von 695 Mio. Euro. Im stationären Buchhandel fahren Thalia und DBH zusammen somit rund 30 Prozent der Umsätze ein. Die Mayersche Buchhandlung liegt – mit 46 Filialen und einem Jahresumsatz von 170 Mio. Euro – weit abgeschlagen auf Platz drei.[90]

89 Gerade einmal acht Großunternehmen erwirtschaften mehr als 50 Mio. Euro im Jahr und mehr. Auf sie entfällt 2012 knapp ein Drittel des gesamten Umsatzvolumens im Buchhandel. Vgl. Buch und Buchhandel in Zahlen 2013, a.a.O., S. 46. Siehe auch Tabelle 2, Seite 117.

90 Vgl. Buchhandelsriese: Wie Thalia die Digitalisierung überleben will, in: «Spiegel Online», 27.9.2013 sowie: Zwischen Bestseller-Marketing

Doch die Kraft der Riesen schwindet zusehends. 2011 vermeldete Thalia im stationären Buchhandel einen Umsatzrückgang von 1,4 Prozent, 2012 gingen die gesamten Inlandsumsätze der Thalia-Gruppe im Vergleich zum Vorjahr weiter um drei Prozent zurück.[91] Und auch die DBH-Holding verzeichnete 2012 einen Umsatzrückgang von 3,6 Prozent. Bei den anderen Ketten sieht es nicht viel besser aus.[92]

Die Ironie der Geschichte: Noch vor wenigen Jahren waren es Thalia und Co., die mit ihrer aggressiven Expansionspolitik den Buchhandel ins Wanken brachten. Hunderte kleine Buchhandlungen mussten schon damals ihr Geschäft aufgeben, die mittelgroßen Traditionsbuchhandlungen hingegen schluckten die Ketten gleich reihenweise. Heute indes zählen die Buchhandelsketten selbst zu den Gejagten. Vor allem das noch größere Raubtier Amazon lauert ihnen auf.[93]

Infolgedessen müssen die Ketten einen wichtigen Standort nach dem anderen aufgeben. Thalia machte allein im Jahr 2013 insgesamt 15 Filialen dicht, darunter seine Buchhandlung *Bouvier* in Bonn (2.000 Quadratmeter) und eine weitere Filiale in Köln (1.600 Quadratmeter) sowie in Trier (1.000 Quadratmeter). Hugendubel schloss 2013 Filialen an den Standorten in Guben, Husum und Neubrandenburg sowie Anfang 2014 ihre Niederlassung in Berlin am Potsdamer Platz. Die Mayersche-Filiale

---

und Überlebenskampf. Die Perspektiven des deutschen Buchmarktes, in: «Deutschlandfunk», 11.10.2011.

91 Vgl. Douglas Holding, Vorläufige Zahlen zum Geschäftsjahr 2010/11 (1.10.2010 – 30.09.2011), www.douglas-holding.de, 10.10.2011; sowie: Vorläufige Zahlen zum Geschäftsjahr 2011/12 (1.10.2011 – 30.09.2012), www.douglas-holding.de, 9.10.2012.

92 Vgl. Buchhandelsriese: Wie Thalia die Digitalisierung überleben will, in: «Spiegel Online», 27.9.2013.

93 Siehe Tabelle 3, Seite 117.

in der Kölner Schildergasse schloss im vergangenen Jahr ebenfalls ihre Pforten.[94]

Besonders schlecht ergeht es der katholischen Verlagsgruppe Weltbild. Mit einem Marktanteil von gut 18 Prozent war sie in den vergangenen Jahren der größte Einzelakteur im deutschen Buchhandel, im Onlinebuchhandel rangierte sie – gleich nach Amazon – auf Platz 2. Allerdings verzeichnete Weltbild über Jahre Verluste und musste Anfang 2014 schließlich Insolvenz anmelden.[95] Bereits ein Jahr zuvor hatte Weltbild-Chef Carel Halff angekündigt, sich vollständig aus dem polnischen Markt zurückzuziehen und bis 2015 «mindestens 50 Prozent der Flächen» stillzulegen.[96] Statt auf das stationäre Geschäft wollte er sich auf das Internetgeschäft konzentrieren. Offensichtlich aber reichte die Zeit nicht mehr aus, rechtzeitig ein Gegenmodell zu Amazon aufzubauen.[97]

Grisham, Gelschreiber und Gummiente: Die Verkaufsstrategie von Thalia und Co.

Die Insolvenz von Weltbild zeigt deutlich, wie eng bereits der Spielraum für die Buchhandelsketten ist. Ob diese daher tatsächlich noch das Ruder herumreißen und Amazon Paroli bieten können, ist derzeit offen. Fest steht

94 Vgl. www.boersenblatt.net, 8.8.2013; www.buchreport.de, 17.1.2013; www.boersenblatt.net, 15.7.2012.

95 Vgl. Ein Schuldenberg von 190 Millionen Euro, in: «boersenblatt.ne», 12.1.2014 sowie: Hugendubel fürchtet den Insolvenz-Strudel, in: «Sueddeutsche.de», 13.1.2014.

96 Vgl. «boersenblatt.net», 9.10.2012.

97 Die anderen Anbieter verfolgen mit einem Ausbau ihres Internetgeschäftes einen ähnlichen Weg und bündeln dabei ihre Kräfte. Seit dem Sommer 2013 gibt es zum Beispiel auf dem Schweizer Markt eine Kooperation zwischen den Konkurrenten Thalia Schweiz und Orell Füssli. Vor allem mit einem gemeinsamen Online-Shop hoffen sie den Umsatzrückgang umzukehren. (Die Schweiz verfügt über keine Buchpreisbindung für E-Books, was den Wettbewerb zusätzlich verschärft.)

aber schon jetzt, dass ihre Verdrängungs- und Verkaufsstrategie gescheitert ist.

Im Gegensatz zu inhabergeführten Buchhandlungen steht bei den Buchhandelsketten weniger die persönliche Beratung und eine differenzierte Auswahl als vielmehr die «Frontalpräsentation»[98] von Bestsellern im Fokus. Kurzum, es geht um Masse statt um Qualität. Das gezielte Spitzentitelmarketing verfolgt vor allem ein Ziel: möglichst rasch viele Bücher zu verkaufen. Denn die meist mehrere Hundert Quadratmeter großen Verkaufsflächen in teuren Innenstadtlagen erfordern eine werbewirksame, «laute» Ansprache, um hohe Umsätze zu erzielen.

Bereits im Eingangsbereich ihrer Ladengeschäfte finden sich daher die Verkaufsschlager zu Pyramiden aufgestapelt: Krimis, Biographien prominenter TV-Persönlichkeiten und zahllose Ratgeber. Seit der Buchabsatz sinkt, bieten die Ketten zudem allerlei bunte Schreibwarenutensilien und Geschenkideen an – sogenannte Non-Books. Mit etwas Glück findet der Kunde im hinteren Bereich des Ladengeschäfts noch die «Kompetenztapete». Sofern sie in ausreichender Menge verkauft werden, gibt es dort in schmalen Reihen klassische Werke großer Dichter sowie wissenschaftliche und fremdsprachige Literatur.

Verlage unter Druck: Die Folgen des Spitzentitelmarketings

Über die Platzierung ausgewählter Spitzentitel entscheidet vor allem das Werbebudget der Verlage. Zwischen 30.000 und 50.000 Euro müssen diese aufbringen, um eine optimale Platzierung in den Geschäften zu erhalten. Und

98 Frontalpräsentation ist die Präsentation der Buchcover statt die des Buchrückens.

weitere 50.000 Euro werden fällig, um beispielsweise bei Thalia den Titel «Buch des Monats» zu tragen. 15.000 Euro hingegen kostet es, ein Buch im Weihnachtsprospekt abgedruckt zu sehen.[99]

Weil vor allem die großen Verlage sich darauf konzentrieren, ausgewählte Titel werbewirksam zu fördern, gehen die Verkaufsauflagen in den vergangenen Jahren immer weiter auseinander. Die Anzahl der Bücher, die mit einer Auflagenhöhe von bis zu 100.000 Stück verkauft werden, hat erheblich zugenommen; das mittlere Auflagensegment von 15.000 bis 20.000 Exemplaren ist indessen weitgehend eingebrochen. Mit anderen Worten: Heute verkauft ein Verlag in der Regel entweder einige Hundert Exemplare eines Buches oder es gelingt ihm ein Kassenschlager – sofern das dafür erforderliche Werbebudget vorhanden ist.[100]

Mit dem Spitzentitelmarketing wächst zugleich auch das Geschäftsrisiko. Schon ohne Druck der Ketten müssen Verlage knallhart kalkulieren, um schwarze Zahlen zu schreiben: Ein Drittel des Verkaufspreises kostet im Durchschnitt die Produktion. Dazu gehört der Druck, das Papier sowie das Lektorat. Etwa ein Zehntel des Verkaufspreises erhält der Autor. Darüber hinaus fallen Kosten für das Marketing, die Auslieferung sowie die Vertreter an, knapp die Hälfte geht als Rabatt an den verbreitenden Buchhandel. Am Ende bleibt den Verlegern eine Gewinnmarge von kaum mehr als zwei bis drei Prozent.

Eine solch knappe Kalkulation ging in der Vergangenheit nur deshalb auf, weil die Buchpreisbindung hierzulande einen Einheitspreis garantiert. Die Preisbindung

99 Vgl. Das Thalia-Prinzip: Ködern und kassieren, in: «Frankfurter Allgemeine Zeitung», 11.10.2010.

100 Vgl. «Midlist ist zu einem Schimpfwort geworden», in: www.buchreport.de, 2.1.2013.

verhindert einen Unterbietungswettbewerb wie in den USA und erlaubt den Verlagen zugleich Mischkalkulationen: Die höheren Gewinne durch Bestseller subventionieren kulturell wertvolle Titel, die allerdings weniger Umsatz generieren.[101]

Mit ihrer Marktmacht hebeln die Ketten schon jetzt die Preisbindung indirekt aus, beispielsweise indem sie den Einkaufspreis mit allen Mitteln drücken. In der Regel erhalten Buchhändler von den Verlagen einen Rabatt in Höhe von 25 bis 40 Prozent; bis zu 50 Prozent Preisnachlass sind kartellrechtlich erlaubt. Laut Preisbindungsgesetz darf der Rabatt zudem nicht allein am Verkaufsumsatz gemessen werden, um kleinere Auflagen nicht zu benachteiligen. Die Realität vor allem der kleineren Buchhandlungen sieht jedoch anders aus: «Die Standardsituation ist doch die, dass der Vertreter in sein Laptop schaut, wie viel Umsatz gemacht wurde und ob man sich noch in der richtigen Rabattkategorie befindet», erklärt ein Buchhändler, der es vorzieht anonym zu bleiben, im Gespräch mit dem «Börsenblatt».[102] Auch Thalia lädt einmal im Jahr an die 100 Verlage ein, um mit ihnen auf diese Weise die Konditionen für die kommenden 12 Monate zu verhandeln. Dabei dringt die Buchhandelskette meist ebenfalls auf höhere Rabattierungen. Geht ein Verlag auf die Forderungen nicht ein, wird er rigoros «ausgelistet», seine Bücher verschwinden damit aus den Filialen.[103]

---

101 In Paragraph 1 des «Gesetz über die Preisbindung für Bücher» heißt es wortwörtlich: «Das Gesetz dient dem Schutz des Kulturgutes Buch. Die Festsetzung verbindlicher Preise beim Verkauf an Letztabnehmer sichert den Erhalt eines breiten Buchangebots. Das Gesetz gewährleistet zugleich, dass dieses Angebot für eine breite Öffentlichkeit zugänglich ist, indem es die Existenz einer großen Zahl von Verkaufsstellen fördert.» Vgl. www.gesetze-im-internet.de/buchprg/BJNR344810002.html.

102 Vgl. www.boersenblatt.net, 8.5.2008.

103 Vgl. An der Kette, «Süddeutsche Zeitung», 13.10.2009.

Allerdings werden die Rabatte nicht nur über direkte Preisnachlässe erzielt. Mitunter fordern die Ketten auch eine größere Menge an Freiexemplaren oder höheres Freiporto ein, wie Günter Berg, Leiter des Hamburger Verlags Hoffmann und Campe berichtet: «Dann gibt es vielleicht noch ein paar Partieexemplare, einen Werbekostenzuschuss, andere Boni, Jahreskonditionen et cetera et cetera. Dann ist man schon bald an dieser magischen Schwelle von 50 Prozent.»[104]

Auf diese Weise sinken die Gewinnmargen der Verlage von Jahr zu Jahr. Und auch wenn die Missstände in der Branche bekannt sind, werden sie meist verschwiegen – aus Angst. «Manchmal entsteht der Eindruck, dass es in der Buchbranche ähnlich zugeht wie beim Doping im Radsport: Wer mit Missständen an die Öffentlichkeit geht, wird zwar Ruhm ernten», räumte ein Vertriebsleiter ein, der ebenfalls anonym bleiben will, «im eigenen Umfeld seiner Großkunden und Verlagskollegen wird er aber zum schwarzen Schaf und auf ewig kein Bein mehr auf den Boden bekommen.»[105]

Dass die Einnahmen der Verlage im Jahr 2012 trotz des zunehmend schwierigen Geschäftsumfelds um 0,6 Prozent gestiegen sind, hängt vor allem mit den Umsatzzuwächsen bei Online-Diensten zusammen – beispielsweise Datenbanken, die Fachinformationen bereitstellen (+14,5 Prozent) – und dem Anzeigengeschäft (+1,5 Prozent).[106] Gleichzeitig steigen die Personal- und Werbekosten. Grund dafür sind die durch die Digitalisierung erforderlichen Investitionen sowie die aufwändige

---

104 Vgl. Stapelware vor Kompetenztapete, in: «Deutschlandradio», 20.12.2009.

105 Vgl. www.boersenblatt.net, 8.5.2008.

106 Vgl. Börsenverein des Deutschen Buchhandels, Buch und Buchhandel in Zahlen 2013, Frankfurt am Main 2013, S. 48.

Betreuung sozialer Netzwerke. Letztere stellen für eine wachsende Zahl von Verlagen inzwischen ein wichtiges Marketinginstrument dar, auf das diese nach eigenen Angaben zunehmend weniger verzichten können.[107]

Vom Regen in die Traufe: Von Thalia zu Amazon

Wer jedoch dachte, der Preisdruck auf die Verlage könne nicht mehr zunehmen, sah sich bitter getäuscht. Denn umso mehr Amazon den deutschen Markt dominiert, desto mehr spitzt sich die Lage für den Buchhandel wie auch für die Verlage zu.[108] Die Verlage werden somit von gleich zwei mächtigen Gegenspielern in die Zange genommen: den großen Buchhandelsketten auf der einen und dem mächtigen Internetkonzern Amazon auf der anderen Seite.

Für den Internetkonzern gehört das deutsche Geschäft inzwischen zum wichtigsten Markt außerhalb seines Heimatlandes. 14 Prozent des Gesamtumsatzes macht der Händler allein in der Bundesrepublik. Und während der stationäre Buchhandel ums Überleben kämpft, wachsen Amazons Umsätze immer weiter[109]: Im Jahr 2011 machte Amazon mit seinen deutschen Kunden einen Umsatz von 7,2 Mrd. Dollar, 2012 waren es rund 8,7 Mrd. US-Dollar.[110]

Im Vergleich zu den Buchhandelsketten fordert Ama-

107 Ebd., S. 50f.

108 Der Sortimentsbuchhandel ist weiterhin wichtigster Vertriebskanal, allerdings ist er 2012 noch tiefer unter die 50-Prozent-Marke gerutscht (48,3 Prozent; 2011: 49,7 Prozent) 2008 sicherte der stationäre Buchhandel noch 52,6 Prozent vom Umsatz.

109 Siehe auch Tabelle 5, Seite 119.

110 Vgl. Riesige Amazon-Umsätze überraschen Analysten, in: «Die Welt», 5.2.2013.

zon von den Verlagen noch höhere Preisnachlässe. Vor allem, wenn Amazon die Bücher nicht über einen Zwischenhändler[111], sondern über die Verlage direkt bezieht, verlangt der Konzern häufig fünfzig Prozent Rabatt – und das, obwohl er nicht einmal eigene Buchhandlungen betreibt. Mitunter verlangt er darüber hinaus noch zusätzliche Gebühren für «Lagerhaltung, zielgerichtete Vermarktung und Plattform».[112] Auf die Verlage kommen außerdem Portokosten und kaum nachvollziehbare Abzüge bei den Rechnungen zu. Am Ende bleibt ihnen unter Umständen nur noch rund ein Drittel statt die Hälfte des Verkaufspreises, mit dem sie allenfalls ihre Kosten decken können.

Amazons Strategie der tödlichen Umarmung

Weitaus effektiver als die Buchhandelsketten greift Amazon dabei auf eine Methode zurück, die sich wie bereits erwähnt als «Strategie der tödlichen Umarmung» bezeichnen lässt.[113] Dabei bindet der Konzern die Verlage mittels seiner Marktmacht so eng an sich, dass ihnen die Luft zum Atmen wegbleibt.

Mehr als 20 Prozent des gesamten deutschen Buchmarktes beherrscht Amazon inzwischen.[114] Im Internet hat der Konzern bereits de facto eine Monopolstellung inne. Die Verlage haben somit kaum eine andere Wahl,

---

111 Zwischenhändler kaufen den Verlagen Bücher auf eigene Rechnung ab und liefern diese an den Einzelhandel. Sie dienen im Prinzip dazu, das Kleinmengengeschäft zu bündeln.

112 Vgl. Die Methode Amazon, in: «Zeit Online», 21.12.2011.

113 Vgl. dazu: Im Fluss der braunen Pakete, in: «Süddeutsche Zeitung», 3.11.2012.

114 Vgl. www.buchreport.de, 5.2.2013.

als Amazons Konditionen zu akzeptieren, um noch größere Umsatzeinbußen zu vermeiden.

Entscheidet sich ein Verlag dennoch, sich Amazons Preisdiktaten zu widersetzen, sanktioniert der Konzern dies prompt. Als die amerikanische Independent Publisher Group (IPG) Anfang des Jahres 2012 den Forderungen Amazons nach höheren Rabatten widersprach, nahm dieser ihre Bücher kurzerhand aus seinem Sortiment. Weil Kunden ihre Bücher nicht mehr auf Amazon kaufen konnten, brach der Umsatz der IPG daraufhin um 40 Prozent ein.

Bereits 2008 schränkte Amazon ohne Vorwarnung den Verkauf für Bücher der Hachette's UK Division ein, nachdem das Unternehmen Kritik an den von Amazon auferlegten Konditionen geäußert hatte. Und zwei Jahre darauf konnten Amazon-Kunden vorübergehend keine Titel des US-amerikanischen Macmillan Verlags kaufen, da dieser Amazons Preisvorstellungen bei E-Books ebenfalls nicht akzeptierte.[115]

Auch hierzulande wächst der Protest. So kündigten der Ch. Schroer Verlag und der Verlag André Thiele im Frühjahr 2013 medienwirksam die Kooperation mit Amazon auf. In offenen Briefen monierten sie die hohen Rabatte und «luftigen Buchungstricks bei der Umsatzsteuer». Der Kunst- und Literaturverleger Christopher Schroer war es nach eigenen Angaben schlicht leid, Amazon gegenüber als Bittsteller aufzutreten, der «bitte, bitte, bitte seine Bücher über Ihre Plattform vertreiben darf und zwar zu Konditionen und Verträgen, die Sie diktieren».[116]

---

115 Vgl. Kampf um Konditionen, www.buchreport.de, 23.2.2012; sowie Brad Stone, a.a.O., S. 321.

116 Vgl. Beide Kündigungsbriefe finden sich im Wortlaut unter www.horizont.net/aktuell/marketing/pages/protected/pdfs/213_org.pdf und www.vat-mainz.de/kuendigung-amazon.php.

Allerdings bleibt abzuwarten, wie lange die beiden Verlage ihre Entscheidung werden aufrecht erhalten können. Einen Rückzieher musste in der Vergangenheit bereits der renommierte Diogenes Verlag machen. Er kündigte Amazon im Jahr 2006 aus Protest gegen die hohen Rabattforderungen die Zusammenarbeit auf. Kurz darauf einigten sich Verlag und Amazon gleichwohl wieder in aller Stille und setzten die Kooperation fort. Diogenes konnte auf Amazons Verkaufsplattform offenbar nicht verzichten.

Somit sehen viele Verlage nur ein Mittel gegen die wachsende Marktmacht Amazons: Sie bündeln ihre Kräfte oder fusionieren sogar.[117] Auf diese Weise hoffen sie, bessere Verhandlungsergebnisse gegenüber dem Konzern zu erzielen.[118] Außerdem teilen sie sich so die Investitionen in die digitalen Wachstumsmärkte.

Für besonders großes Aufsehen sorgte die Elefantenhochzeit des Penguin Verlags aus Großbritannien und des Verlags Random House, der zur Bertelsmann Gruppe gehört. Die beiden Verlage gaben im Sommer 2013 bekannt, gemeinsam zu einem Superverlag unter der Führung Bertelsmanns zu fusionieren. Bereits für sich stellte jedes Medienhaus eine ungeheure Marktmacht dar: Zuvor waren sie die Nummer eins und zwei des amerikanischen Buchmarkts; zusammen gaben sie 2012 in den Vereinigten Staaten 42 Prozent aller Bestseller und 53 Prozent aller Taschenbücher heraus.[119]

---

117 Auch hierzulande ist der Konzentrationsgrad bei den Verlagen extrem hoch: 21 von 2243 Verlage verzeichnen einen Jahresumsatz von 50 Mio. Euro und mehr. Das entspricht knapp 70 Prozent des Gesamtumsatzes im deutschen Buchhandel. Vgl. Buch und Buchhandel in Zahlen, a.a.O., S. 46, Tab. 21 sowie S. 51, Tab. 27.

118 Mit ZVAB und ABEBOOKS gehören Amazon auch die wichtigsten Internetportale des Antiquariatshandels.

119 Vgl. Leben in der Löwengrube, in: «Die Zeit», 27.6.2013.

Steueroase Luxemburg

Doch selbst mit Fusionen werden Amazons Konkurrenten nur wenig gegen dessen geballte Übermacht ausrichten können. Denn der Konzern weiß nicht nur die gesetzlich vorgeschriebenen Rabattierungsgrenzen zu umgehen. Systematisch nutzt er zudem Steuerschlupflöcher aus, um sich erhebliche Vorteile gegenüber dem stationären Buchhandel zu verschaffen.

Zwar kann Amazon hierzulande den Preis seiner Bücher nicht wie in den USA nach Belieben senken. Allerdings reduziert der Konzern so erfolgreich die Kosten – indem er seine Steuerausgaben minimiert. Mit anderen Worten: Statt einen Wettbewerb um den niedrigsten Verkaufspreis führt Amazon in Europa einen um die besten Steuerkonditionen. Zu diesem Zweck hat der Konzern seinen europäischen Firmensitz gezielt nach Luxemburg verlegt. Das Königtum ist Mitglied der EU und gewährt Unternehmen wie Amazon besonders hohe Steuervergünstigungen.

So werden Unternehmensgewinne in Luxemburg nominell mit 29 Prozent belastet. Allerdings sind Einkünfte, die mit geistigem Eigentum erwirtschaftet werden, bis zu 80 Prozent von der Bemessung des zu versteuernden Gewinns ausgenommen. Während der stationäre Buchhandel also die hierzulande geltenden Steuersätze abführen muss, kann Amazon seine effektive Steuerbelastung auf unter 6 Prozent drücken, indem es seine Geschäfte über Luxemburger Gesellschaften abwickelt. Ein Abkommen zwischen der Bundesrepublik und dem Großherzogtum regelt zudem, wann ein Unternehmen in einem Land steuerpflichtig ist und soll Doppelbesteuerung verhindern. Amazon zahlt demnach nur in dem Land Körperschaftssteuern, in dem es auch eine Betriebsstätte hat. Seine Logistikzentren zählen obskurerweise explizit nicht dazu.

Konkret stützen zwei Pfeiler das Steuervermeidungsmodell des US-Konzerns. Zum einen rief der Konzern im Juni 2004 die Amazon Europe Holding Technologies ins Leben. Sie ist offiziell der Inhaber und Verwalter von Amazons Patenten, Markenrechten sowie seinen Rechten am intellektuellen Eigentum. Zum anderen gründete Amazon nur einen Monat darauf die Amazon EU SARL. Die Initialen stehen für «Société à Responsabilité Limitée» – zu Deutsch: Gesellschaft mit beschränkter Haftung. Auf dem Papier ist sie der Lieferant für alle Waren und Dienstleistungen für die europäischen Amazon-Kunden.

Im Februar 2006 transferierte Amazon die Eigentumstitel seiner britischen, deutschen und französischen Unternehmen an Amazon EU SARL. Das Eigentum der britischen und französischen Webseiten hingegen ging an die Amazon Europe Holding Technologies über. Sämtliche Gewinne der europäischen Amazon-Niederlassungen fließen seitdem bei Amazon EU SARL zusammen. Diese zahlt wiederum der Amazon Europe Holding Technologies überhöhte Gebühren für die Nutzung der Technologie, die auf den Amazon-Webseiten zum Einsatz kommt.[120]

Dieses Modell zahlt sich für den US-Konzern aus. 2012 floss das Gros der Umsätze von Amazon Deutschland – insgesamt 8,7 Mrd. Dollar – an die in Luxemburg angesiedelte Amazon Europe Holding Technologies. Diese verbuchte am Ende gerade einmal einen Gewinn in Höhe von 118 Mio. Euro. Da die Holding eine steuerbefreite Partnerschaft ist, zahlte sie keine Steuern. An den deutschen Fiskus führte Amazon im gleichen Jahr gerade einmal 3,2 Mio. Euro ab.[121]

120 Vgl. Special Report: Amazon's billion-dollar tax shield, in: www.reuters.com, 6.12.2012.

121 Vgl. Amazon zahlt kaum Steuern in Deutschland, in: «Zeit Online», 13.7.2013.

Damit nicht genug: Auch beim Verkauf von E-Books kommt Luxemburg dem Konzern großzügig entgegen. In der Bundesrepublik müssen Unternehmen für den Verkauf gedruckter Bücher den ermäßigten Satz von sieben Prozent Umsatzsteuer abführen. Für E-Books werden allerdings 19 Prozent Umsatzsteuer fällig. In Luxemburg hingegen werden Bücher – gleich ob gedruckt oder digital – seit Anfang 2012 mit sehr niedrigen 3 statt der dort üblichen 15 Prozent belegt. Da bislang europaweit die Umsatzsteuer für E-Books in dem Land anfällt, in dem die Server stehen, zahlt Amazon auch hier im Gegensatz zu seinen deutschen Konkurrenten erheblich geringere Abgaben.

Die mittels Steuervermeidung gesteigerten Einnahmen kann das US-Unternehmen nutzen, um beispielsweise Unterhaltungselektronik, die nicht von der Buchpreisbindung betroffen ist, zu subventionieren – ein zusätzlicher Wettbewerbsvorteil gegenüber anderen Mitbewerbern.[122]

Das drohende Ende der Buchpreisbindung

Allerdings muss sich Amazon sehr wahrscheinlich bald nach einem neuen Schlupfloch umsehen. Denn auch andere Unternehmen, darunter Apple und Starbucks, führen Gewinne in Form hoher Lizenzgebühren an Holdings ab, die in Irland oder den Niederlanden sitzen, und dort faktisch von der Steuer befreit sind.[123] Die europäischen Staats- und Regierungschefs wollen dem Treiben der Kon-

122 Mit dem gleichen Ziel wählte Bezos auch Seattle als Firmensitz. In den USA müssen Unternehmen nur in jenen Bundesstaaten Umsatzsteuern (sales tax) einsammeln und an die Staatskasse abführen, in denen sie eine physische Präsenz haben.

123 US-Konzerne parken immer mehr Gewinn im Ausland, vgl. «The Wall Street Journal», 11.3.2013.

zerne nicht länger tatenlos zusehen. Sie kritisieren, dass die Unternehmen zwar die Infrastruktur, die Bildungs- und Sozialsysteme eines EU-Landes nutzen, ihre Abgaben – wenn überhaupt – aber in einem anderen Land zahlen. Über eine Billion Euro entgehen den EU-Staaten auf diese Weise schätzungsweise jedes Jahr. Im Sommer 2013 beschloss die EU-Kommission daher einen Aktionsplan gegen die «aggressive Steuerplanung», der unter anderem eine länderspezifische Berichtspflicht über Gewinne und Steuern vorsieht.[124] Diese soll allerdings erst ab 2015 in Kraft treten.

Des Weiteren sprach sich die EU-Kommission dafür aus, dass bei dem Verkauf von E-Books der Mehrwertsteuersatz des Landes gelten soll, in dem das Buch verkauft wurde. Für Amazon ist dies ebenfalls eine schlechte Nachricht, denn dann müsste der Konzern hierzulande die gleichen Umsatzsteuersätze zahlen wie jeder andere Buchhändler auch.

Dennoch könnte Amazon am Ende die Oberhand behalten. Denn auch die Buchpreisbindung steht derzeit zur Debatte. Grund sind die Verhandlungen für ein transatlantisches Freihandelsabkommen zwischen der Europäischen Union und den Vereinigten Staaten.[125] Das Abkommen soll Handelsbarrieren zwischen den beiden

124 Vgl. Axel Troost, EU: Steuerflucht als Geschäftsmodell, in: «Blätter», 12/2013, 13–16; sowie Europäische Kommission, Aktionsplan zur Verstärkung der Bekämpfung von Steuerbetrug und Steuerhinterziehung, online unter: http://ec.europa.eu/taxation_customs/resources/documents/taxation/tax_fraud_evasion/com_2012_722_de.pdf.

125 Vgl. Michael R. Kräthe, TAFTA: Das Kapital gegen den Rest der Welt, in: «Blätter», 1/2014, S. 5–9; Lori Wallach, TAFTA – die große Unterwerfung, in: «Le Monde diplomatique», 8.11.2013 sowie: «Die neue Kultur des Wissens», Eröffnungsrede zur Frankfurter Buchmesse von Prof. Dr. Gottfried Honnefelder, ehemaliger Vorsteher des Börsenvereins des deutschen Buchhandels, gehalten am 8.10.2013 (online unter: www.boersenverein.de/de/639766).

Wirtschaftsräumen abbauen – und als eine solche wird auch die deutsche Buchpreisbindung verstanden.[126]

Fällt sie, wird es auch auf dem deutschen Buchmarkt umgehend zu einem Preiskrieg wie in den USA kommen. Welche dramatischen Folgen dies für den Handel hat, lässt sich dort trefflich beobachten. Denn in Übersee ist bereits die letzte Phase der Rabattschlacht eingeläutet: Bei Bestsellertiteln ist die Konkurrenz derzeit noch zu groß, so dass Amazon hier weiterhin hohe Preisnachlässe anbieten muss. Doch insbesondere bei den Angeboten kleinerer Verlage und bei wissenschaftlichen Titeln erhöht der Internetkonzern die Preise wieder.

Aufgrund der erheblichen Vorteile, über die Amazon verfügt, scheint es somit nur noch eine Frage der Zeit, bis das Unternehmen in den USA, aber auch in Europa den Buchhandel vollständig beherrscht. Spätestens, wenn der Konzern mit seiner Preis- und Expansionspolitik die Ketten endgültig vom Markt verdrängt hat, befindet sich der größte Teil des Handels fest in seiner Hand. Wenn dann auch noch die Buchpreisbindung gefallen ist,[127] kann Amazon nicht nur die Verkaufspreise nach Belieben bestimmen, sondern sich auch voll und ganz auf sein nächstes Etappenziel konzentrieren: die Eroberung der Verlagswelt.

---

126 Vgl. Fällt die Buchpreisbindung?, in: «WDR 3», 11.6.2013.

127 Schon jetzt unterläuft Amazon die Ladenpreisbindung indirekt: Nach dem Ladenpreisbindungsgesetz unterliegen Buchimporte nicht der Preisbindung. So können deutsche Bücher u.a. über den Internetbuchhändler Book Depository, dem größten Online-Buchhändler Großbritanniens, weltweit und portofrei bezogen werden – mit bis zu 20 Prozent Preisnachlass. Amazon hat Book Depository Mitte 2011 gekauft. Vgl. Book Depository und die Buchpreisbindung, in:«laura-kneidl.de», 13.5.2012.

5. Vom Internethändler zum Medienimperium

Längst arbeitet Amazon unter Hochdruck daran, die gesamte Verwertungskette des Buchmarktes unter seine Kontrolle zu bringen. Um dieses Ziel zu erreichen, schaltet der Konzern jeden Händler und Mittler zwischen sich und den Kunden rigoros aus: «Die Einzigen, die für den verlegerischen Prozess noch nötig sind, sind der Autor und der Leser», verkündete Amazon-Verlagsmanager Russell Grandinetti.[128] Dabei nimmt Amazon nicht nur den Buchhandel ins Visier, sondern auch die Verlage. Indem der Konzern in direkte Konkurrenz zu diesen tritt, geraten am Ende auch die Autoren in die tödliche Umarmung des Konzerns.

Selfpublishing: Der Traum vom eigenen Buch

Ein Angebot, mit dem der Konzern den Verlagen bereits seit längerem zu Leibe rückt, heißt *Kindle Direct Publishing* (KDP). Damit können Autoren direkt und in Eigenregie Bücher bei Amazon veröffentlichen.

Ein Lektorat im klassischen Sinne gibt es dabei nicht. Stattdessen prüft eine Software die auf die Amazon-Server hochgeladenen Manuskripte auf grammatikalische und orthografische Fehler sowie auf unzulässige Begriffe, um pornografische oder extremistische Inhalte herauszufiltern. Außerdem führt Amazon eine automatisierte

128 Vgl. Amazon Signs Up Authors, Writing Publishers Out of Deal, in: «The New York Times», 16.10.2011.

Plagiatsprüfung durch. Dabei steht auf Seiten des Konzerns nicht einmal ein persönlicher Ansprechpartner zur Verfügung: Findet die Software bei den Prüfungen etwas Auffälliges, erhalten die Autoren nur ein «vorgefertigtes Anschreiben».[129] Wird ein Manuskript angenommen, können die sogenannten Selfpublisher ihre Werke wahlweise digital oder gedruckt veröffentlichen. Für den Druck und den Verkauf über den Web-Shop ist dann der Amazon-Dienst *CreateSpace* zuständig.

Trotz der Einschränkungen gegenüber einem klassischen Lektorat ist das Programm bei Autoren äußerst beliebt. Viele Hobbyautoren, die zuvor bei anderen Verlagen abgelehnt wurden, können so doch noch ihre Texte einem Millionenpublikum zum Kauf anbieten – und dabei auf einen Überraschungserfolg hoffen. Tatsächlich schaffen es einige Autoren so bis in die Bestsellerliste: 2012 stammten laut Amazon etwa jede fünfte Novität und fünf der zehn meistverkauften deutschsprachigen Kindle-Bücher von Selbstverlegern.[130] Mit einer solchen Platzierung lässt sich dann auch Geld verdienen. Ein Titel, der über einen längeren Zeitraum auf dem Verkaufsrang zwischen Platz 1000 und 1500 rangiert, verkauft immer noch rund zehn Exemplare pro Tag und damit etwa 300 Bücher im Monat.[131]

Die Nachfrage seitens der Autoren an Selfpublishing-Angeboten wird in den kommenden Jahren erheblich wachsen.[132] Das haben auch die großen Verlage wie Droe-

129 Vgl. Amazons Pläne für den Buchmarkt, in: «Zeit Online», 23.4.2013.

130 Vgl. Matthias Matting über den deutschen Selfpublishing-Markt: Unsicher und überheblich?, in: www.buchreport.de, 11.7.2013.

131 Was einer typischen Midlist-Auflage entspricht: Vgl. dazu: Die Midlist lebt, in: «Börsenblatt des deutschen Buchhandels», 44/2010, S. 16–18.

132 Schon 2015 könnte Schätzungen zufolge jeder zweite professionelle Autor in Deutschland ohne die Hilfe eines Verlages eigenständig Texte

mer Knauer und Holtzbrinck erkannt. Mit ihren Plattformen Neobooks bzw. Epubli bieten sie Autoren ebenfalls die Möglichkeit, Bücher selbstständig zu verlegen. Amazon ist jedoch auch hier der Konkurrenz bereits um ein gutes Stück voraus. 64 Prozent der Selfpublisher, die ohne Verlag ihre E-Books an die Shops liefern, bevorzugen hierzulande schon jetzt Amazons Dienst.[133] Und auch im Print-Selfpublishing-Bereich hat der Internetkonzern die Nase vorn: Seine Tochter *CreateSpace* führt mit 32 Prozent Marktanteil – und das obwohl die Titel nicht über den stationären Buchhandel vertrieben werden.[134]

Der Tod der Mittler: Amazon als Verleger

Amazon bietet indes nicht nur Selbstverlegern seine Dienste an – der Konzern geht längst auch selbst auf Autorensuche. Zu diesem Zweck hat Amazon in den Vereinigten Staaten jüngst eine Reihe von Verlagen gegründet, die sich alle unter dem Dach von *Amazon Publishing* befinden und sich vor allem hinsichtlich ihrer Publikationsschwerpunkte unterscheiden. Die unterschiedlichen Verlagszweige an der Ostküste sind überwiegend für die Jugend- und Kinderliteratur zuständig; die an der West-

veröffentlichen. So das optimistische Ergebnis einer Studie zum verlagsunabhängigen Publizieren in Deutschland, die der «Focus»-Journalist Matthias Matting und die Literaturwissenschaftlerin Hilke-Gesa Bußmann erstellten. Vgl. www.selfpublisherbibel.de/self-publishing-in-deutschland-wie-gehen-autoren-bei-der-veroeffentlichung-vor; vgl. dazu auch: Matthias Matting über den deutschen Selfpublishing-Markt, a.a.O.

133 Gefolgt von Kobo (10 Prozent), Beam (9 Prozent), Google (7 Prozent) und Apple (6 Prozent). Vgl. Der Liebling der Selfpublisher, in: www.buchreport.de, 27.6.2013.

134 Der Pionier Books on Demand (BoD) erreicht gerade einmal 15 Prozent, knapp dahinter liegt Epubli mit 11 Prozent, vgl. Amazon beherrscht Selfpublishing-Markt, in www.buchreport.de, 27.6.2013.

küste produzieren in erster Linie Thriller, Liebes- und Horrorgeschichten.

Im Mai 2009 gründete Amazon *Amazon Encore*. Der Verlagszweig hat sich auf Werke spezialisiert, die nicht mehr verfügbar sind oder von vielversprechenden Selfpublishing-Autoren stammen. Bereits in den ersten beiden Jahren seines Bestehens hat *Amazon Encore* in den USA rund 150 Bücher veröffentlicht.

Nur ein Jahr darauf, im Mai 2010, gründete Amazon seinen zweiten Verlag, *Amazon Crossing*, zuständig für englischsprachige Übersetzungen fremdsprachiger Bücher. Der Verlag ist in den USA ausgesprochen erfolgreich und gehört heute zu den führenden Lizenzeinkäufern des Landes. Er übersetzt vor allem jene Werke, die Amazon-Kunden in anderen Ländern überdurchschnittlich gut bewerteten; allein 2012 übertrug er so 29 ausländische Titel ins Englische. Die höchsten Verkaufszahlen erzielte dabei der Historienroman «Die Henkerstochter» des Deutschen Oliver Pötzsch. Die Übersetzung «The Hangman‘s Daughter» schaffte es bis auf Platz 1 der Kindle-Bestsellerliste und verkaufte sich bis Ende 2012 über 500.000 Mal. Zuvor erschienen Pötzschs Bücher beim Ullstein Verlag. Der verkaufte immerhin 300.000 Exemplare, bevor er Amazon die englischsprachigen Weltrechte an vier Romanen für jeweils 25.000 Euro überließ.[135] Nicht nur für Amazon hat sich dieser Kauf somit gelohnt, sondern auch für Oliver Pötzsch: Er ist in den Vereinigten Staaten heute ein gefeierter Starautor.

Ein weiteres Jahr nach Amazon Crossing, im Mai 2011, gründete Amazon den Verlagszweig *Montlake Romance*. Er veröffentlicht zeitgenössische und historische Liebes-

135 Vgl. Verlage reagieren auf Amazon-Offensive, in: «Berliner Zeitung», 13.3.2013.

romane sowie Fantasy-Literatur. Im gleichen Monat wurde das Label *Thomas & Mercer* gegründet, das sich auf Mystery- und Thriller-Titel konzentriert. Auch mit diesem Verlagszweig hat Amazon viel vor: Für eine Krimireihe nahm der Konzern bereits Mitte 2011 fünf Autoren massenkompatibler Spannungsliteratur unter Vertrag.

47North wurde ein knappes halbes Jahr später gegründet und widmet sich den Genres Science-Fiction und Horror. *Grand Harbor Press* ist seit Dezember 2012 die Marke für esoterische Titel rund um Selbsterfahrung und Spiritualität; unter dem Label *Little A* veröffentlicht Amazon seit Januar 2013 vorrangig Kurzgeschichten. Im gleichen Monat folgten noch *Skyscape* – der Verlag ist für Fiction für junge Erwachsene zuständig –, und im Dezember kam die Reihe *Icons* hinzu, die Lebensgeschichten weltbekannter Persönlichkeiten veröffentlicht. Den Anfang machen unter anderem die Biographien von Jesus Christus und Josef Stalin. Der neueste Coup ist schließlich *Jet City Comics*. Der zehnte amerikanische Verlagszweig Amazons konzentriert sich auf digitale Comics, eine Buchgattung, die auf dem amerikanischen Markt eine wichtige Rolle spielt.

Amazon hat aber in den vergangenen Jahren nicht nur Schlag auf Schlag eigene Verlage gegründet, sondern auch eine Reihe traditioneller Verlagshäuser und deren Autorenrechte aufgekauft. So erstand der Konzern unter anderem im April 2012 die Rechte an den James-Bond-Büchern von Ian Fleming. Zwei Monate darauf kaufte er den 1950 gegründeten Verlag *Avalon Books*, der seinen Sitz in New York hatte, und erhielt damit auch dessen über 3000 Bücher umfassende Backlist.[136] Im Dezember

---

136 Als Backlist werden alle lieferbaren Bücher eines Verlags bezeichnet, die keine Neuerscheinungen sind.

2011 erstand Amazon den amerikanischen Kinderbuchverlag *Marshall Cavendish*. Ein Teil seiner über 450 Titel will der Konzern im Verlagszweig *Amazon Children's Publishing* im E-Book-Format neu auflegen.[137]

Das Werben um die Bestseller-Autoren

Der US-amerikanische Buchhandel reagierte geschockt auf Amazons Pläne, unter die Verleger zu gehen. Kurz nachdem Amazon seine Vorhaben bekannt gab, weigerten sich Teile des stationären Buchhandels dessen Bücher zu verkaufen. Zu diesen zählten unter anderen auch die Werke des Bestseller-Autors Timothy Ferriss («Die 4-Stunden-Woche»).

Ferriss war 2011 zu *Amazon Publishing* gewechselt.[138] Als dort 2012 sein neues Buch erschien, kam es zum Showdown. Zahlreiche Ketten und unabhängige Buchhändler boykottierten den Verkauf. Der Grund: Die E-Book-Ausgabe ist allein bei Amazon erhältlich, Barnes & Noble darf sie in seinem Onlineshop nicht verkaufen. Anfang des Jahres drohte die Buchhandelskette daher, im Gegenzug alle Bücher aus Amazons Printverlagen aus seinen Regalen zu verbannen.

Amazon ging daraufhin im Geheimen eine Allianz mit dem Verlag *Houghton Mifflin Harcourt* ein und lizensierte diesem die Verwertungsrechte für verschiedene seiner Titel. Der Deal sah vor, dass ausgewählte Bücher in der Verlagsreihe «New Harvest» in die Läden kommen sollten. Die Buchhandlungen bekamen allerdings früh-

137 Amazon Publishing Push Grows to Children's Books, in: «The New York Times», 7.12.2011.

138 Vgl. Amazon´s publishing arm signs up Timothy Ferriss, in: «The Guardian», 17.8.2011.

zeitig Wind von der Sache und boykottierten auch diese. Entnervt gab Ferriss auf und verkaufte sein neues Buch schließlich in den 1500 Filialen einer Bäckereikette.

Aber nicht nur den Buchhandlungen, sondern vor allem den Verlagen ist angesichts der verlegerischen Ambitionen Amazons der Schreck in die Glieder gefahren. Ihre Sorge ist berechtigt: Um traditionellen Verlagen ernsthaft wirtschaftlichen Schaden zuzufügen, muss Amazon nur einige wenige Bestsellerautoren von seinem Angebot überzeugen. Gerade sie garantieren den Verlagshäusern hohe Umsätze, mit denen dann weniger umsatzstarke Werke subventioniert werden. Amazon hingegen ist auf eine solche Querfinanzierung nicht angewiesen.

Wie ernst es Amazon mit seinen Plänen ist, zeigen auch die Konditionen, die der Konzern den Autoren bietet. Bis zu 70 Prozent des Verkaufspreises erhalten Autoren bei *Kindle Desktop Publishing* als Tantiemen – ein Angebot, dass keiner der traditionellen Verlage dauerhaft überbieten könnte. Sie beteiligen ihre Autoren in der Regel mit 5 bis 15 Prozent des Verkaufspreises.

Ganz offensichtlich nimmt Amazon also auch in seinem Verlagsgeschäft zu Beginn hohe Verluste in Kauf, um Autoren von anderen Verlagen abzuwerben. Ob sich Amazon derart attraktive Konditionen langfristig leisten kann, bleibt abzuwarten. Denn der Erfolg von Büchern lässt sich, selbst wenn Amazon die Leserrezensionen einbindet, nur schwer prognostizieren. Schon jetzt steht allerdings fest: Auch wenn Amazon die Verlage ausschaltet, lautet das Motto «Wachstum statt Profit». Und die Konditionen für die Autoren werden sich – wie es auch schon beim Buchhandel zu beobachten ist – sehr wahrscheinlich wieder verschlechtern, sobald Amazon den Verdrängungswettbewerb für sich entschieden hat.

Auch Amazons Personalentscheidungen unterstreichen dessen Verlegerambitionen. In den USA war die vergangenen Jahre maßgeblich Laurence Kirshbaum für das Verlagsgeschäft zuständig. Kirshbaum war zuvor Geschäftsführer der Time Warner Book Group und bei den Verlagen Random House, Warner und Little sowie Brown angestellt. Er kennt sich also bestens mit dem Buchgeschäft aus.[139] Weil es Kirshbaum aber nicht gelang, von Amazon verlegte Bücher in den stationären Handel zu bringen, und zudem die Zahl der Bestseller unter den Erwartungen blieb, trennte sich Amazon im Januar 2014 von ihm. Kirshbaums Nachfolgerin ist Daphne Durham; sie war zuvor Cheflektorin für das Erwachsenen- und Kinderprogramm bei Amazon.

2013 expandierte Amazon Publishing nach Europa und richtet eine Dependance in Luxemburg ein. Auch in Deutschland veröffentlicht Amazon künftig unter eigenem Namen Bücher. Für das Programm ist unter anderem Laurenz Bollinger zuständig. Der frühere Suhrkamp-Lektor wechselte von seinem Posten als Programmleiter für internationale Literatur bei DuMont zu Amazon. Bollingers Tätigkeit hat sich bei seinem neuen Arbeitgeber nicht groß geändert: Wie bei einem klassischen Verlag sichtet der Lektor Manuskripte, um Autoren für das deutsche Kindle-Programm zu finden.[140]

---

139 Vgl. Amazon's Hit Man, in: «Bloomberg Businessweek Magazine», 25.1.2012.

140 Vgl. www.boersenblatt.net, 2.7.2013.

Frenemy Amazon

Die Verlage haben längst erkannt, dass Amazon sich vom Verkäufer zum Produzenten wandelt – und damit in direkte Konkurrenz zu ihnen tritt. Victoria Barnsley vom renommierten Verlag HarperCollins in New York betrachtet Amazon dementsprechend auch als einen «sehr, sehr mächtigen globalen Konkurrenten». Hausintern wird Amazon treffend als «Frenemy» bezeichnet, also «Freind» – halb Freund, halb Feind.[141]

Wie nervös – und mitunter überstürzt – die Verlage dabei auf Amazons verlegerische Unternehmungen reagieren, verdeutlichte ein Streit zwischen dem Verlag Penguin und seiner Autorin Kiana Davenport. Davenport hatte 2010 mit Riverhead Books, einer Verlagsabteilung von Penguin, einen Vertrag für einen Liebesroman abgeschlossen und dafür einen Vorschuss von 20.000 Dollar erhalten. Weil dieser zum Leben nicht ausreichte, publizierte die Autorin, während sie an dem vereinbarten Roman schrieb, eine Auswahl alter, bislang unveröffentlichter Kurzgeschichten als E-Book bei Amazon. Als Penguin davon erfuhr, fiel die Reaktion überaus deutlich aus: Der Verlag warf Davenport öffentlich vor, sie habe die vertraglichen Vereinbarungen verletzt und forderte sie auf, den Kurzgeschichtenband aus dem Verkauf zu nehmen. Als sich die Autorin weigerte, kündigte Penguin die Zusammenarbeit kurzerhand auf und drohte mit rechtlichen Schritten, sollte die Autorin den Vorschuss nicht an den Verlag zurückzahlen.

Obwohl sich Davenport weigerte der Forderung nachzukommen, hat Penguin bis heute kein Verfahren in die

141 Vgl. Amazon's publishing arm signs up Timothy Ferriss, in: «The Guardian», 17.11.2011.

Wege geleitet. Allerdings erschien der geplante Roman im August 2012 wider Erwarten doch noch – bei Amazons Verlag Thomas & Mercer unter dem passenden Titel «The Spy Lover». Der Versuch Penguins, an Davenport ein Exempel zu statuieren, war somit voll und ganz gescheitert. Der Punkt ging stattdessen an die Autorin – und an Amazon.[142]

USA: Die neue Rabattschlacht

Bislang sind alle Anstrengungen, den Frenemy Amazon aufzuhalten, weitgehend erfolglos geblieben – selbst wenn sich die Verlage zusammentun. Erst vor wenigen Monaten mussten sie in den Vereinigten Staaten obendrein eine herbe juristische Niederlage im Kampf gegen Amazon hinnehmen. Hintergrund des Rechtsstreits war ein neues Vertriebsmodell für digitale Bücher, auf das sich fünf große Verlage mit dem Konzern Apple geeinigt hatten. Das sogenannte Agenturmodell, das ähnlich wie die deutsche Buchpreisbindung funktioniert, richtete sich in erster Linie gegen Amazon.

Bereits seit Längerem versucht Amazon einen E-Book-Preis in Höhe von 9,99 Dollar durchzusetzen. Dies «sei wirklich der höchste Preis, den die Kunden als vernünftig empfänden und bereit wären zu zahlen», behauptet Jeff Bezos – selbst wenn sein eigenes Unternehmen dabei Einnahmeverluste in Höhe von bis zu 5 Dollar pro Buch in Kauf nehmen muss.

Das alternative Modell sieht vor, dass die Verlage den Einzelhandelspreis für E-Books festlegen, so wie es auch

142 Vgl. After Dispute, Novelist Gets Amazon Deal, in: http://bits.blogs.nytimes.com, 8.3.2012.

bei gedruckten Büchern üblich ist. Zudem behalten sie 70 Prozent des Verkaufspreises ein; die Rabatte hingegen, die Händler den Kunden einräumen, gehen allein von deren 30-Prozent-Marge ab. Als besondere Hebelwirkung sah die Absprache zwischen Apple und den Verlagen zudem eine Meistbegünstigtenklausel vor, wonach die Verlage anderen Händlern keine niedrigeren Preise einräumen durften als Apple.

Aus Sicht des amerikanischen Justizministeriums verstößt eben diese Meistbegünstigtenklausel jedoch gegen das Wettbewerbsrecht. Das Ministerium verklagte Apple daher Ende 2011 wegen illegaler Preisabsprachen; auch die EU-Kommission leitete ein Kartellverfahren gegen Apple und die beteiligten Verlagsgruppen ein, unter ihnen der britische Penguin Verlag und der deutsche Holtzbrinck Verlag. Mit den europäischen Behörden einigten sich die Verlage und Apple auf einen Vergleich. In den USA stimmten die fünf Verlage einer außergerichtlichen Einigung zu und zahlten mehr als 166 Millionen Dollar.[143]

Apple verweigerte sich hier jedoch einem Vergleich und wurde von einem amerikanischen Bundesgericht im Juli 2013 wegen illegaler Preisabsprachen schuldig gesprochen. Unklar ist bislang noch die Höhe der Strafzahlungen, die auf das kalifornische Unternehmen und die Verlage in den USA zukommen. Sie können mehrere Hundert Millionen Dollar betragen; das zuständige US-Gericht will darüber im Mai 2014 entscheiden. Umgehend nach dem Schuldspruch hatte Apple angekündigt, in Be-

143 Vgl. Apple droht Strafe für Preisabsprachen bei E-Books, in: www.stern.de, 10.7.2013. Bei den Verlagen waren betroffen: Hachette von Lagardère, HarperCollins von News Corp, Simon & Schuster von CBS, die Holtzbrinck-Tochter MacMillan und der Penguin-Verlag der Mediengruppe Pearson.

rufung zu gehen. Große Chancen werden dem Konzern aber nicht eingeräumt.[144]

Somit sind die Verlage mit ihrem Versuch, einen Gegenpol zu Amazon aufzubauen und damit ein für sie günstigeres Preismodell durchzusetzen, auf ganzer Linie gescheitert. Der große Gewinner dieses Rechtsstreits ist allein Amazon. Auf dem US-Markt kann der Konzern weiterhin die Preise für E-Books frei bestimmen und weiter seine aggressive Unterbietungsstrategie verfolgen.

EU: Das Buch als Dienstleistung?

Nicht nur in den USA, sondern auch in Europa werden gegenwärtig die Weichen für das Geschäft mit digitalen Büchern gestellt. Im Zentrum steht dabei die Frage, ob der reduzierte Umsatzsteuersatz wie etwa in Deutschland von 7 statt 19 Prozent nicht nur auf gedruckte Bücher, sondern auch für E-Books gelten soll.

Bislang gibt es in der EU nur zwei Mitgliedsstaaten, die reduzierte Steuersätze auf digitale Bücher vorsehen: Frankreich erhebt 7 statt 19,6 Prozent und Luxemburg 3 statt 15 Prozent. Derzeit wird heftig um die Frage gestritten, ob diese Ermäßigungen gegen die Wettbewerbsregeln der Europäischen Union verstoßen.

Aus Sicht der Wettbewerbshüter in Brüssel dürfen EU-Staaten nur bei bestimmten Waren und Dienstleistungen den Umsatzsteuersatz reduzieren. In der entsprechenden Umsatzsteuersystemrichtlinie ist jedoch nur die «Lieferung von Büchern» aufgeführt.[145] E-Books hingegen

144 Vgl. dazu: Apple Disputes $307 Million Damage Figure in E-book Case, in: www.publishersweekly.com, 23.10.2013.

145 Vgl. Richtline 2006/112/EG des Rates vom 28. November 2006 über das gemeinsame Mehrwertsteuersystem (online unter: http://eur-

gelten als Dienstleistungen und nicht als Ware. Der Börsenverein des Deutschen Buchhandels nimmt die Gegenposition zur EU-Kommission ein und plädiert zu Recht für einen Steuerrabatt auf E-Books: Bücher seien ein Kulturgut, dabei sei es unerheblich, ob sie in gedruckter oder digitaler Form angeboten würden.[146]

Setzt sich die EU-Kommission durch und unterbindet die Steuerbegünstigungen bei E-Books grundsätzlich, blieben die Preise von digitalen Büchern im Vergleich zu Printbüchern vergleichsweise hoch. Damit aber geriete Amazons digitale Strategie ins Stocken. Der Konzern will derzeit vor allem seine Kindle-Geräte verkaufen. Das aber gelingt nur, wenn die Kunden weniger für digitale als für gedruckte Bücher zahlen müssen. Bleibt die Preisdifferenz zwischen digitalen und gedruckten Büchern indes gering, dürfte Amazon früher oder später offen für die Abschaffung der Buchpreisbindung plädieren, um so den Preis für Bücher wie in den USA senken zu können. Konsumenten, die vor allem auf den Verkaufspreis schauen, könnten dann geneigt sein, Amazon in seiner Argumentation zu folgen, und ebenfalls ein Ende der Preisbindung fordern.

Schon jetzt ist der Druck hoch, den Preis auf das amerikanische Niveau zu senken. In den USA liegt er schon jetzt durchschnittlich 40 Prozent unter dem Preis gedruckter Bücher.[147] Hierzulande bieten die meisten Verlage ihre E-Books nur mit einem durchschnittlichen Abschlag von rund 20 Prozent an. Infolgedessen ist 2012

---

lex.europa.eu/LexUriServ/LexUriServ.do?uri=OJ:L:2006:347:0001:0118:de:PDF).

146 Der Börsenverein des Deutschen Buchhandels vertritt die Interessen von rund 5.500 Verlagen, Buchhandlungen, Antiquariaten, Zwischenbuchhandlungen und Verlagsvertretern.

147 Vgl. Leben in der Löwengrube, in: «Die Zeit», 27.6.2013.

der Durchschnittspreis für E-Books auf dem deutschen Markt zwar innerhalb eines Jahres von 10,40 Euro auf 8 Euro gesunken. Das aber reicht laut einer Studie der Gesellschaft für Konsumforschung noch nicht aus: Der «optimale E-Book-Preis» liege auch bei uns rund 40 Prozent unterhalb des Print-Preises.[148] Nur dann könne der deutsche Buchmarkt ähnlich hohe Verkaufszahlen wie in den USA erzielen. Eine solche Preisdifferenz ist jedoch vor allem aus Sicht Amazons und der Kunden «optimal». Für die Verlage bringt sie in erster Linie enorme Verluste mit sich.

Wie auch immer sich die Kommission in Brüssel am Ende entscheidet, klar erkennbar ist schon jetzt: Im Wirtschaftskrieg, den der Quasimonopolist gegen den gesamten Buchmarkt führt, stehen die Verlage auf beiden Seiten des Atlantiks mit dem Rücken zur Wand. Doch die Digitalisierung setzt – neben dem Buchhandel und den Verlagen – auch noch eine dritte Gruppe unter Druck. Denn umso mehr sich der Handel von Medien ins Internet und damit auf mobile Endgeräte verlagert, geraten auch die Leserinnen und Leser in die Abhängigkeit des Konzerns.

148 Vgl. E-Book-Trends zur Frankfurter Buchmesse, in: «Berliner Zeitung», 8.10.2013.

6. Der Kindle: Tor zu Amazons digitalem Reich

In Amazons Zukunftsstrategie spielt der Kindle eine zentrale Rolle. Schon jetzt hat das digitale Lesegerät den Kauf und die Lektüre von Büchern nachhaltig verändert. Geschickt setzt der Konzern es ein, um seinen Kunden einen End-to-End-Service anzubieten.

Die digitale Revolution

Der *Kindle* (zu Deutsch: «etwas entfachen») ist seit 2009 in Deutschland verfügbar. Auf der Liste der bei Amazon meistverkauften Produkte in den vergangenen 15 Jahren steht der Kindle E-Reader hierzulande auf Platz 2; das neuere Modell, der Kindle Paperwhite, auf Platz 5.[149] Den Auslöser für die Erfindung des E-Readers setzte ausgerechnet Apple – heute einer der größten Konkurrenten Amazons – mit dem Start seines iTunes Stores am 4. März 2003. Dank des Onlinemusikvertriebs können Apple-Kunden bequem und auch von unterwegs Musikdateien kaufen. Der damalige Konzernchef Steve Jobs revolutionierte damit den Musikmarkt – und das, obwohl Apple in erster Linie ein Hersteller von Computer-Hardware ist.

Bezos wollte es Jobs gleich tun und den Vertrieb von Büchern ebenfalls grundlegend erneuern. Einen erfolgreichen Online-Vertrieb besaß er damals schon. Was ihm indes fehlte, war ein gleichermaßen revolutionäres Le-

149 Vgl. www.buchreport.de, 14.10.2013.

segerät, das den Kauf und den Konsum digitaler Bücher ermöglichte. Unter strenger Geheimhaltung forschte ein Team aus Ingenieuren im sogenannten *Lab126* über Monate fieberhaft nach einer Lösung. Am 19. November 2007 war es schließlich soweit: Amazon stellte seinen ersten E-Book-Reader vor – den *Kindle*. Das Gerät kostete 399 US-Dollar und konnte rund 200 E-Books speichern. Insgesamt 90.000 Bücher hatte der Konzern bereits zur Markteinführung im Angebot. Schon nach wenigen Wochen war die erste Lieferung der Kindle-Geräte laut Amazon ausverkauft.

Inzwischen gibt es den E-Reader in der sechsten Generation. Er verfügt über ein lesefreundliches und energiesparsames Graustufen-Display mit einer gestochen scharfen Auflösung, ist kaum dicker als ein Bleistift und wiegt gerade einmal 170 Gramm. Das Gerät kann Tausende Bücher speichern, und seine Akkulaufzeit beträgt bis zu knapp zwei Monate bei einer durchschnittlichen Lesezeit von einer halben Stunde pro Tag. Der Kindle kostet Ende 2013 – je nach Ausstattung – zwischen 49 und 189 Euro.

Obendrein bietet der Kindle Zugang zu Amazons gesamtem digitalen Bücherangebot. Ähnlich einem Webbrowser können Nutzer auf der dem Bildschirm angepassten Amazon-Website nach Büchern suchen und diese auf dem Gerät speichern. Die ersten Seiten eines E-Books lassen sich vorab kostenlos lesen. Erst wenn ihnen ein Buch zusagt, schließen die Kunden den Kauf ab. Daraufhin wird das gesamte Werk innerhalb weniger Sekunden per Funkverbindung heruntergeladen und steht zur Lektüre bereit.

Im Jahr 2010 präsentierte Bezos außerdem Amazons erstes Computer-Tablet, den *Kindle Fire*. Im Gegensatz zum E-Reader besitzt dieser einen beleuchteten, vielfarbigen Monitor. Auf dem Tablet läuft eine verschlankte Version des mobilen Betriebssystems Android von Google. Allerdings wurden dessen Funktionen auf wenige Menüpunkte eingeschränkt. Denn auch das Kindle Fire soll den Kunden in erster Linie einen Zugang zu Amazons Warenwelt ermöglichen. Diese bietet – natürlich gegen entsprechendes Entgelt – neben E-Books auch eine Fülle an Kinofilmen, TV-Serien, digitalen Zeitschriften sowie MP3-Musik.[150]

Der Kindle Fire ist ebenfalls von Anfang an ein Verkaufsschlager gewesen: Innerhalb des ersten Jahres vertrieb Amazon schätzungsweise mehr als 5 Mio. Geräte. Aus dem Stand heraus nahm der Konzern damit im Ranking der erfolgreichsten Tablet-Produzenten den zweiten Platz ein, gleich hinter Apple und noch vor Samsung.

Der Erfolg verdankt sich vor allem dem subventionierten Verkaufspreis und den günstigen Zusatzangeboten: Für gerade einmal 79 Dollar im Jahr bietet der Konzern seinen amerikanischen Kunden einen unbegrenzten Zugang zu mehr als 12.000 Filmen und Fernsehserien. Und auch die jüngsten Kunden umwirbt er gezielt: «Kindle Free-Time Unlimited» richtet sich an Kinder von 3 bis 8 Jahren. Ab 4,99 Dollar im Monat können sie nach Lust und Laune altersgemäße E-Books, Apps und Fernsehserien herunterladen. In Deutschland gibt es ein vergleichbares, wenn auch weniger attraktives Lockangebot: Gegen eine Jahresgebühr von 29 Euro steigen Amazon-Kunden zu Prime-Kunden auf. Als solche können sie unter anderem

150 Anfang 2014 waren 27 Millionen digitale Medien (Filme, Fernsehserien, Lieder, Apps, Computerspiele und Bücher) bei Amazon gelistet. Vgl. Amazon.de vermeldet beste Weihnachtssaison aller Zeiten, in: «macerkopf.de», 30.12.2013 sowie: Amazon wird zur digitalen Vertriebsplattform, in: «Frankfurter Allgemeine Zeitung», 6.8.2013.

seit 2012 jeden Monat eines von 8.500 E-Books ihrer Wahl kostenlos ausleihen.[151]

Angebote wie diese sollen den Kunden zur Nutzung und damit zum Kauf weiterer Produkte anregen. Denn Amazon fährt mit dem Kindle Fire erst dann Gewinn ein, wenn seine Besitzer für mindestens 10 Dollar im Monat bei ihm einkaufen.[152] «Wir wollen Geld verdienen, wenn die Leute unsere Geräte nutzen», gibt Jeff Bezos unumwunden zu, «nicht wenn sie unsere Geräte kaufen.»[153]

Wie gut das Geschäft läuft, darüber schweigt sich Amazon aus. Fest steht aber, dass sich gerade der Gebrauch von Tablets verkaufsfördernd auswirkt. Marktforscher fanden heraus, dass Besucher von E-Commerce-Seiten, die ein Tablet nutzen, bei weitem kauffreudiger sind und bis zu 20 Prozent mehr Geld ausgeben als andere Kunden – vermutlich weil sie (noch) zu den Besserverdienern unter den Internetnutzern zählen. Außerdem spielt offenbar der berührungsempfindliche Bildschirm eine wichtige Rolle: Er macht das Einkaufen – stärker als die Computer-Maus – zum taktilen Erlebnis und erleichtert so das Geldausgeben.[154]

---

151 Prime-Kunden erhalten zudem die bestellte Ware in der Regel am nächsten Tag.

152 Vgl. Lohnt Loss Leading?, in: www.buchreport.de, 25.1.2013.

153 Vgl. Carsten Knop, Amazon kennt Dich schon. Vom Einkaufsparadies zum Datenverwerter, Frankfurt a. M. 2013, S. 79.

154 Vgl. Tablets: Ultimate Buying Machines, in: «The Wall Street Journal», 28.9.2011.

Wachstumsmarkt E-Book

Die hohen Verkaufszahlen der Kindle-Geräte haben auch den Absatz von E-Books befördert. In den Vereinigten Staaten verkaufte Amazon im Jahr 2011 erstmals mehr digitale als gedruckte Bücher. Heute liegt dort der Anteil elektronischer Bücher am Gesamtmarkt bei rund 25 Prozent.[155]

Ganz so hoch fallen die Verkaufszahlen hierzulande noch nicht aus: 2012 machten E-Books 2,4 Prozent des Buchumsatzes aus – allerdings ohne Schul- und Fachbücher. Nimmt man die wissenschaftliche Literatur hinzu, die weitgehend am klassischen Buchhandel vorbei verkauft wird, liegt der durchschnittliche Umsatzanteil aber immerhin schon bei 9,5 Prozent. Zugleich wächst der Markt für digitale Bücher dynamisch an: Im Vergleich zu 2011 (0,8 Prozent) hat sich der Anteil am Umsatzvolumen im Folgejahr verdreifacht; 2012 wurden insgesamt 13,2 Mio. E-Books auf dem deutschen Buchmarkt verkauft.

Die Sorge vor der Kannibalisierung

Und obwohl der E-Book-Markt hierzulande noch vergleichsweise klein ist, ist der Wettstreit um seine Marktanteile bereits voll entbrannt. An der Spitze steht Amazon: Der Konzern hält 41 Prozent des deutschen E-Book-Marktes fest in seiner Hand.[156] Die großen Buchhandelsketten kommen an den Online-Händler nur heran, wenn

155 Vgl. Leben in der Löwengrube, in: «Die Zeit», 27.6.2013.

156 Nach eigenen Angaben vertreibt der Konzern in Deutschland mehr E-Books als Hardcover-Bücher. Infolgedessen sinkt der Absatz von Papierbüchern: Im vierten Quartal 2012 vermeldete Amazon hier mit fünf Prozent das bislang schwächste Wachstum seit Firmengründung. Vgl. www.allesebook.de, 30.1.2013.

man ihre jeweiligen Anteile addiert: Zusammen verfügen sie über einen Marktanteil von 36 Prozent.

Auf dem Zukunftsmarkt der digitalen Bücher wollen sich die Buchhandelsketten jedoch nicht frühzeitig geschlagen geben. Im März 2013 brachten Thalia, Weltbild, Hugendubel, Club Bertelsmann sowie die Deutsche Telekom in einer überraschenden Allianz gemeinsam den E-Reader *Tolino* auf den Markt. Das deutsche Gemeinschaftsprodukt steht in direkter Konkurrenz zu Amazons Kindle und ist ebenfalls ein Zuschussgeschäft.[157] Zur Markteinführung kündigten die Ketten vollmundig an, bis Ende 2013 1,4 Mio. Geräte absetzen zu wollen. Sie wissen, dass sie rasch Kunden gewinnen müssen, um nicht von Amazon abgehängt zu werden – und sind optimistisch, das ihnen dies gelingt: Bereits 2018, also fünf Jahre nach Einführung des Tolino, solle das E-Book laut Thalia-Chef Michael Busch ein Viertel des Thalia-Umsatzes ausmachen. Ob die Buchhandelskette ihre gesetzten Ziele erreichen wird, ist derzeit allerdings unwahrscheinlich. Die Prognose für das Umsatzwachstum im Jahr 2017 liegt derzeit noch bei 0,8 Prozent.[158]

Aber nicht nur die Buchhändler, sondern auch die Verlage stellt die Digitalisierung vor große Herausforderungen. Zwar bieten bereits mehr als die Hälfte von ihnen E-Books an, künftig werden es voraussichtlich 80 Prozent sein. Zugleich befürchten die Verlage eine «Kannibalisierung» ihres eigenen Angebots. Denn das E-Book bringt ihnen kaum neue Kunden. Stattdessen wechseln vor allem die Leser von Papierbüchern zum E-Reader – und

157 Dabei ist auch der Tolino bei Weitem nicht so «offen», wie die Buchhandelsketten behaupten. Vgl. Tolino Shine im ausführlichen Test: Kindle-Killer oder Kindle-Clone?, in: www.literaturcafe.de, 9.3.2013.

158 Vgl. Wie Douglas die Zukunft von Thalia plant, in: www.buchreport.de, 3.6.2014.

bleiben fortan den Buchhandlungen fern. Den Verlagen, die wegen der Umstellung auf das digitale Format zudem hohe Umstellungskosten haben, beschert das E-Book somit bislang keine höheren Absatzzahlen – und geringere Gewinnmargen. Im Gegenteil dürfte sich der Umsatz mit digitalen Büchern aufgrund des hohen Preisdrucks künftig zusätzlich verringern.

Papier versus Pixel

Die Verlage stecken somit in einem Dilemma: Obwohl sich der Verkauf von E-Books wirtschaftlich nicht so rentiert wie der Verkauf gedruckter Bücher,[159] müssen sie die wachsende Nachfrage nach digitalen Produkten befriedigen. Die Kunden greifen dabei nicht nur wegen der niedrigeren Preise zu E-Books, sondern auch weil sie die Vorzüge der modernen Lesegeräte überzeugen. Mitte 2013 besaßen 5,2 Prozent der Deutschen über 14 Jahren einen E-Book-Reader. Weitere 3,5 Prozent gaben an, sich in den nächsten ein bis zwei Jahren ein Lesegerät anschaffen zu wollen.[160]

E-Reader liegen angenehm in der Hand und klappen nicht versehentlich zu. Dabei erlaubt ihr geringes Gewicht, sie bequem in jeder Haltung zu nutzen – selbst im Liegen. (Wer mal versucht hat, auf dem Rücken liegend in der gedruckten Ausgabe von «Krieg und Frieden» zu schmökern, weiß dies zu schätzen.) Die Bildschirme der E-Reader sind gestochen scharf und kontrastreich. Selbst lange Texte lassen sich ohne Anstrengungen auf

159 Zwar kommt für das E-Book erleichternd hinzu, daß bei diesem die Kapitalbindung geringer und die Lagerhaltungskosten nahezu nicht vorhanden sind, jedoch schlägt andererseits der volle Umsatzsteuersatz negativ zu Buche.

160 Vgl. AWA 2013, Allensbacher Marktanalyse Werbeträgeranalyse (Auszug), www.ifd-allensbach.de/awa/ergebnisse/2013.html.

ihnen lesen.[161] Da neuere Geräte zudem über eine integrierte Beleuchtung verfügen, sind sie nicht nur unter heller Sonneneinstrahlung, sondern selbst im Dunkeln einsetzbar.[162]

Neben der Haptik und der Lesefreundlichkeit ist auch die unmittelbare Verfügbarkeit von Büchern entscheidend. Die meisten E-Reader bieten einen direkten Zugang zu einem Online-Shop, der es erlaubt, zu jeder Stunde und an nahezu jedem Ort der Welt neue Bücher zu erwerben – sofern eine Datenverbindung besteht. Der Kauf eines E-Books ist somit «heute so einfach, wie ein Glas Wasser zu holen», wie der Schriftsteller Burkhard Spinnen begeistert feststellt.[163] Damit wird auch das Sammeln von Büchern in den eigenen vier Wänden hinfällig. Wer ein bestimmtes Werk lesen oder etwas nachschlagen möchte, lädt das entsprechende Buch stattdessen kurzerhand auf seinen E-Reader herunter, sobald er es benötigt.[164]

Zahlreiche Nutzer von E-Books berichten zudem, dass sie mehr lesen würden als zuvor. Dafür nennen sie vor allem zwei Gründe: Zum einen stellen die meisten Internetshops kostenlose Leseproben zur Verfügung, um

161 Da der Bildschirm nicht von hinten, sondern von vorne beleuchtet wird, ermüden die Augen nicht so rasch wie bei dem Lesen eines Textes auf dem Computer-Monitor oder dem Smartphone.

162 Vgl. die Zusammenstellung von Kathrin Passig: Da kam ihre Liebe plötzlich abhanden, http://plus.google.com/102711053819769437812/posts/U2gK6xpYaMd.

163 Vgl. Was wird aus meiner Bibliothek?, www.derstandard.at, 11.6.2011.

164 Die Folgen sind schon jetzt auf dem Möbelmarkt zu spüren: Der IKEA-Katalog, «das verlässlichste Kursbuch des gesellschaftlichen Wandels [hat] seit kurzem das ‹Billy›, also den Klassiker aller Buchregale, in einer tieferen Version im Programm. Einer Version für Leute, die keine gedruckten Bücher mehr haben, sondern Vasen, Designobjekte und anderen Krimskrams.» Vgl. Mein letztes Buch, in: «der Freitag», 10.10.2012.

das Interesse ihrer Kunden zu wecken. Zum anderen lassen sich E-Books nahtlos auf unterschiedlichen Geräten weiterlesen. Amazon ermöglicht es dem Nutzer beispielsweise, die morgens auf dem Tablet begonnene Lektüre unterwegs in der U-Bahn auf dem Smartphone fortzusetzen. Abends auf dem Sofa kann der Kunde dann zum E-Reader greifen. Dabei wird der Lesefortschritt auf sämtlichen Geräten über die firmeneigenen Server synchronisiert.

Darüber hinaus können die Kunden die Markierungen und Lesezeichen anderer Leser einblenden, besonders beliebte Stellen sind als *Popular Highlights* gekennzeichnet. Die digitalen Bücher enthalten somit bereits beim Kauf Spuren anderer Amazon-Kunden. Zugleich wandelt sich das Lesen eines Buches von einer intimen Handlung zu einem Kollektiverlebnis, vergleichbar mit dem gemeinsamen Schauen eines Kinofilms.

Ausspähung mit System: Amazon liest mit

Aber auch die Nachteile des E-Readers sind nicht von der Hand zu weisen. Viele Leserinnen und Leser vermissen bei einem E-Reader die haptischen Eigenschaften eines Papierbuches: von der Oberflächenstruktur des Einbandes, über das Rascheln der einzelnen Seiten bis hin zum Geruch der Druckerschwärze. Im Alltag erweist sich ein gedrucktes Buch zudem als deutlich widerstandsfähiger als ein elektronisches Gerät – z. B. in der Badewanne oder am Strand; nicht zuletzt ist auch der Verlust eines Papierbuchs für den Besitzer meist weniger schmerzlich als der eines der teuren Geräte.

Entscheidend ist jedoch, dass vor allem Amazons Kindle in seiner Nutzung massiv eingeschränkt ist. So kann er nur das von Amazon entwickelte und geschlossene E-Book-Format *Mobi* lesen. Das von zahlreichen Händlern angebotene offene ePub-Format ist dagegen nicht verwendbar. Kauft der Kunde also ein E-Book bei einem Konkurrenten, muss er dieses erst umständlich in das Amazon-Format umwandeln, um es auf dem Kindle lesen zu können.

Zudem geben die Nutzer viel über sich und ihr Leseverhalten preis. So schaut Amazon seinen Kunden bei der Lektüre von E-Books quasi unentwegt über die Schulter und zeichnet deren Leseverhalten auf. Dabei wird neben der genauen Leseposition auch die Lesedauer sowie sämtliche Hervorhebungen und Anmerkungen an Amazon übermittelt. Damit weiß der Konzern exakt, wie viel Zeit ein Leser für ein Buch benötigt, ob er es ausliest und mit welchen Begriffen er nach neuen Büchern sucht. Auch die Kindle-App auf Smartphone, Tablet oder Rechner erfasst, wie oft ein Leser das Programm nutzt und wie viel Zeit er mit der Lektüre verbringt. Die abgefangenen Daten geben dem Konzern tiefe Einblicke in die Vorlieben jedes einzelnen Kunden – auf deren Grundlage dann weitere Kaufempfehlungen gemacht werden.

Inzwischen verfügt Amazon – wie Facebook und Google – auch über ein eigenes soziales Netzwerk, das ihm zusätzliche Kundendaten liefert. Im März 2013 kaufte der Konzern die Plattform *Goodreads*. Auf ihr verfassen die Nutzer Rezensionen von Büchern und empfehlen diese weiter. Das Angebot wird rege genutzt: Insgesamt gibt es mehr als 25 Mio. Besprechungen, und besonders auf mobilen Geräten verzeichnet die Community hohe Zuwächse bei den Neuanmeldungen.

Das neue Schreiben: Der Mainstream-Lover

Aber nicht nur die Lektüre und der Austausch über Bücher wandeln sich. Auch das Schreiben von Büchern verändert sich unter dem Einfluss der gewonnen Daten. So dauert es durchschnittlich etwa sieben Stunden, um das letzte Buch von Suzanne Collins' «Hunger Games»-Trilogie zu lesen. Im zweiten Band der Trilogie haben rund 20.000 Kindle-Leser den gleichen Satz angestrichen: «Because sometimes things happen to people and they're not equipped to deal with them.» («Weil den Menschen machmal Dinge widerfahren, auf die sie nicht vorbereitet sind.») Und die meisten Nutzer luden, gleich nachdem sie den ersten Band ausgelesen hatten, unmittelbar den zweiten herunter.[165]

Welche Veränderungen diese Erkenntnisse mit sich bringen, zeigt besonders eindrucksvoll der unabhängige Verlag Coliloquy mit Sitz in San Francisco. Er hat sich nach eigenen Angaben «auf bahnbrechende neue Buchgenres, neuartige Erlösmodelle und neue Formen der Interaktion zwischen Autoren und ihren Lesern» im E-Book-Bereich spezialisiert. Der Fokus liegt dabei auf digitalen Liebes-, Jugend- und Erotikromanen, die auch für den Kindle verfügbar sind. Neu ist, dass die Leser aktiv den Verlauf der Geschichten sowie die Eigenschaften der Charaktere beeinflussen können. Zu diesem Zweck sammelt der Verlag gezielt Daten, um die unterschiedlichen Stränge der Geschichten möglichst genau am Geschmack seiner Kunden auszurichten.

So können die Leser der Mystery-Reihe «Parish Mail» wählen, ob der jugendliche Protagonist über Zauberkräf-

165 Vgl. Your E-Book Is Reading You, in: «The Wall Street Journal», 19.7.2012.

te verfügen soll oder nicht. In «Great Escapes» können sie hingegen die Intensität der Liebesszenen bestimmen und das Erscheinungsbild der Hauptfigur anpassen: Diese hat – so Coliloquy – idealerweise schwarze Haare und grüne Augen, verfügt über eine kräftige Statur und eine leicht behaarte Brust.[166]

Mit diesem Wissen können Autoren noch während des Schreibens – so wie es bei Fernsehserien bereits üblich ist – den Verlauf ihrer Geschichten anpassen. Beispielsweise spielt in der romantischen Gaunerkomödie «Getting Dumped» eine junge Frau die Hauptrolle. Die Leser wurden gefragt, welcher der Verehrer ihr Herz gewinnen soll. Mehr als die Hälfte wählte Collin, der dem Typus Hugh Grant entspricht, rund 30 Prozent mochten hingegen Daniel am liebsten, zu dem die Romanheldin allerdings eine abgekühlte Liebesbeziehung pflegt, und knapp 17 Prozent bevorzugten Pete, den attraktiven aber vergebenen Kollegen.

Das Votum der Leserinnen und Leser bewahrte den Charakter Daniel vor seiner Marginalisierung oder gar Auslöschung: Die Autorin Tawna Fenske nahm die Leservorlieben zum Anlass, ihn nicht wie geplant ins Gefängnis zu schicken, sondern ihm stattdessen eine zentrale Rolle in ihrem Roman zu geben. Der Anteil seiner Fans war offensichtlich zu groß, um diese zu verprellen.

166 The Data-Driven, 21st-Century «Choose Your Own Adventure», in: «The Atlantic», 3.10.2012.

Die systematische Ausspähung der Kunden

Bei Abstimmungen über den weiteren Verlauf von Geschichten sind sich die Leser zumindest noch bewusst, dass ihre Vorlieben zu Marketingzwecken genutzt werden. Das Ermitteln von Kundenvorlieben geht allerdings bei Weitem nicht immer derart transparent vor sich.[167]

So späht der auf dem Kindle Fire installierte Webbrowser «Silk», den Amazon eigens für sein Tablet programmiert hat, standardmäßig sämtliche Datenströme aus, die der Nutzer abruft. Amazon zufolge dient dies allein dem beschleunigten Datenaustausch: Die Abfragen würden über die firmeneigenen Server geleitet, dort ausgewertet und komprimiert, um so angeblich schneller auf die Endgeräte zu gelangen. Tatsächlich weiß Amazon auf diese Weise genau, welche Internetseiten der Kunde mit dem Gerät aufruft und wie lange er sich wo im Netz aufhält.

Mitte 2013 wurde zudem bekannt, dass eine Programmerweiterung für den Browser *Chrome* Internetnutzer auch auf ihrem Laptop ausspioniert. Die von Amazon bereitgestellte *1Button App* bietet Preisvergleiche und personalisierte Sonderangebote an. Im Hintergrund übermittelt sie jedoch auch die persönlichen Lesezeichen der Betroffenen, die aufgesuchten Webseiten und den gesamten Suchverlauf an das Unternehmen. Amazon erfährt so im Detail, was die Nutzer im Netz tun – auch wenn diese nicht auf dessen Website angemeldet sind.[168]

Selbst Internetnutzer, die nicht einmal bei Amazon registriert sind, späht der Konzern aus. Seit einigen Jahren kooperiert Amazon mit Facebook, um direkt auf die Nut-

---

167 Zum Thema Big Data vgl. Carsten Knop, a.a.O., S. 100ff.

168 Vgl. Amazons Einkaufshilfe spioniert Nutzer aus, in: www.heise.de, 12.7.2013.

zerdaten des weltweit größten sozialen Netzwerks zuzugreifen. Durch die direkte Verknüpfung beider Dienste erhält der Konzern allerdings nicht nur Zugang zu den bei Facebook hinterlegten Daten seiner Kunden, sondern auch auf die verknüpften Daten der Freunde. Diese kann der Konzern beispielsweise nutzen, um an anstehende Geburtstage von Verwandten und Freunden zu erinnern – und gleich auch die passenden Geschenke zu empfehlen.[169]

Außerdem bietet der Konzern seit geraumer Zeit sogenannte *Single-SignOn-Accounts* an. Mit diesen kann sich jeder Amazon-Kunde, so wie es bereits bei Facebook und Twitter üblich ist, mit einem Klick auch bei anderen, kooperierenden Anbietern anmelden. Auch darüber erfährt Amazon weitere wichtige Details über die Vorlieben seiner Kunden – zum Beispiel, welche sozialen Netzwerke und Dienste diese nutzen –, die sich dann in neue Kaufempfehlungen ummünzen lassen.

Die Ausspähung verwandelt den konsumistischen Traum vom bequemen Online-Shopping in einen puren Datenschutzalbtraum. Den Fängen Amazons können die Kunden – wenn überhaupt – nur noch entrinnen, indem sie ihr Benutzerkonto kündigen.

---

169 Vgl. Amazon friends Facebook to offer gift ideas, in: http://news.cnet.com/8301-1023_3-20011934-93.html, 28.7.2010 sowie: Amazon Birthday Gift helps you buy your Facebook friends something nice, lets others pitch in, in: www.engadget.com/2013/06/18/amazon-birthday-gift, 18.7.2013.

Die Lizenz zum Lesen

Das aber ist leichter gesagt als getan. Denn damit verlieren die Kunden auch den Zugriff auf sämtliche digitale Bücher, die sie zuvor dort gekauft haben. Der Grund: Die Kindle-Bücher verfügen über einen Kopierschutz und liegen zudem im Amazon-eigenen Format vor; sie sind daher nicht ohne weiteres auf einem anderen E-Reader verwendbar. Mit dem Kauf der E-Books erhalten die Kunden somit nur ein Nutzungsrecht, oder anders ausgedrückt: eine Lizenz zum Lesen. Ein Besitzverhältnis wie bei einem gedruckten Buch, das sie nach Belieben verwenden und verleihen dürfen, besteht nicht.

Über welch weitreichende Möglichkeiten Amazon damit verfügt, zeigte sich erstmals 2009, als der Konzern quasi über Nacht aus Urheberrechtsgründen eine bestimmte Ausgabe der Bücher «1984» und «Die Farm der Tiere» von George Orwell von den Lesegeräten seiner Kunden löschte – ohne diese zuvor davon zu unterrichten.[170]

Im Juli 2013 sperrte Amazon ohne Vorwarnung sogar komplett die Konten zahlreicher Nutzer. Angeblich hatten diese bestellte Waren zu häufig umgetauscht und wieder an den Konzern zurückgeschickt. Die Kunden waren sich keiner Schuld bewusst, hatten sie doch nur den Service wahrgenommen, für den Amazon wirbt – und beliebt ist. Dennoch verloren sie auf einen Schlag den Zugang zu ihren Kundenkonten – und damit auch auf die von ihnen gekauften E-Books. Eine Nutzung der Kindle-Geräte ist damit ebenfalls praktisch nicht mehr möglich.[171]

---

170 Anfang Juni 2012 nahm Amazon auch das «Schwarzbuch WWF» vorübergehend aus seinem Programm, noch bevor das Gerichtsurteil gefällt war. Vgl. Vier Sheriffs zensieren die Welt, in: «Die Zeit», 2.8.2012.

171 Vgl. Warum gehören meine gekauften E-Books nicht mir?, in: «Die Welt», 4.3.2013.

Private Public Partnership: Amazon im Dienste der CIA

Dass die Kunden Amazon derart ausgeliefert sind, birgt noch Gefahren in ganz anderer Hinsicht. Denn nahezu alle großen westlichen Geheimdienste – allen voran die US-amerikanische NSA und der britische GCHQ – belauschen die Kommunikation im Netz. Dabei greifen die Dienste auch auf die Datensammlungen der großen Internetkonzerne zurück; mitunter verfügen sie über direkten Zugang zu deren Servern. Amazon bestreitet zwar, dass amerikanische Geheimdienste Zugriff auf die bei ihnen hinterlegten Daten haben.[172] Zugleich kooperiert der Konzern geschäftlich nicht nur mit der US-Regierung, sondern auch mit der Central Intelligence Agency (CIA).

Bereits seit einigen Jahren nutzen mehr als 300 amerikanische Regierungsbehörden, darunter das US-Finanzministerium, die sogenannte GovCloud.[173] Sie ist Teil der Amazon Web Services (AWS): Seit 2006 können Unternehmen wie auch Privatkunden Speicherplatz auf Amazons Server anmieten. Mit seinen rund 30 unterschiedlichen Cloud-Angeboten setzte Amazon 2012 rund 2,3 Mrd. US-Dollar um; für 2013 erwarten Analysten einen Umsatz von 3,8 Mrd. Dollar.[174]

Aber nicht nur die US-Regierung, sondern auch die CIA nutzt das Angebot. Im Juli 2013 – und damit inmitten der NSA-Enthüllungen – gab der Konzern bekannt, ausgerechnet von dem amerikanischen Auslandsgeheimdienst den Zuschlag für einen Großauftrag erhalten zu haben.

172 Es gibt keine Hintertüren bei Amazon, in: «wiwo.de», 21.9.2013.

173 Amazon Web Services Achieves FedRAMP Compliance for AWS GovCloud (U.S.) and All U.S. Regions, in: www.businesswire.com, 21.5.2013.

174 Vgl. Analyst: Amazon Web Services macht 2013 etwa 3,8 Millarden Dollar Umsatz, in: www.zdnet.de, 8.1.2013 sowie: Cloud-Sparte wird so wichtig wie unser Onlinehandel, in: «golem.de», 8.4.2013.

Für die Dauer von vier Jahren stellt Amazon der CIA ein eigens auf sie zugeschnittenes Cloud-Computing-System zur Verfügung – Kostenpunkt: mehr als 600 Mio. Dollar.

Durch diese einträgliche Public Private Partnership befindet sich Amazon in großer wirtschaftlicher Abhängigkeit von dem amerikanischen Nachrichtendienst und der US-Regierung. Deren Forderung, Einblicke in die Kundendaten des Konzerns oder gar eine direkte Schnittstelle zu den Unternehmensservern zu erhalten, wird sich Amazon in Zukunft kaum entziehen können, ohne gleichzeitig Gefahr zu laufen, eine Reihe wichtiger Großkunden zu verlieren. Aus Sicht der Privatkunden bedeutet dies jedoch vor allem eines: Ihre bei Amazon hinterlegten Kundendaten sind vor dem Zugriff der Geheimdienste alles andere als sicher.

Der Ausbruch aus den goldenen Käfigen

Dass die Geheimdienste zur Überwachung der Bürger auf die Datenberge der Internetkonzerne zugreifen, ist nicht verwunderlich. Deren geschlossene Konsumwelten – sogenannte digitale Ökosysteme – sind dafür wie geschaffen: Hier finden die Privatkunden alles vor, was sie für ihren Medienkonsum benötigen. Damit sind sie nicht länger auf die Angebote der Wettbewerber angewiesen und hinterlassen gleichzeitig an zentraler Stelle eine Unmenge an Daten. Aus ihnen lassen sich detaillierte Profile erstellen, die für die Marketingabteilungen der Unternehmen ebenso aufschlussreich sind wie für die Nachrichtendienste.

Besonders die vier großen US-Unternehmen – Amazon, Apple, Google und Facebook – dominieren den Wettbewerb um die Internettechnologien im 21. Jahrhundert.

Schon heute konkurrieren sie um jeden einzelnen Kunden und möglichst große Marktanteile. Dabei haben die Schnittmengen ihrer Angebote in den letzten Jahren erheblich zugenommen. Zudem verschmelzen die Hardware und die Medieninhalte ihrer jeweiligen Ökosysteme zunehmend miteinander. Aus diesem Grund verfügen alle vier Unternehmen auch über eigene, auf ihre Produkte zugeschnittene mobile Betriebssysteme[175] sowie eigene App Stores, in denen sie Applikationen, Musik, Bücher und vieles mehr vertreiben. Drei der vier Konzerne bieten zudem Cloud-Speicher und ein eigenes Bezahlsystem an (bzw. arbeiten daran).

In den jeweiligen Ökosystemen ist der Kunde wie in einem goldenen Käfig gefangen. Und je länger er die Produkte eines Anbieters nutzt, desto höher fallen die Wechselkosten aus: Wer von Facebook in ein anderes soziales Netzwerk wechselt, kann seine Kontakte nicht einfach in das andere System übertragen. Und wer nicht Apples mobiles Betriebssystem iOS, sondern Googles Android nutzen möchte, verliert das Recht, die zuvor gekauften Applikationen weiter zu nutzen. Ähnlich ergeht es Amazon-Kunden, wenn sie ihre Kindle-Bücher künftig auf einem anderen E-Reader lesen möchten.

Die meisten Kunden nehmen diese Einschränkungen widerspruchslos hin – weil ihnen Amazon Freiheit vorgaukelt: «Das Erfolgsgeheimnis des Konzerns besteht da-

175 Gerüchten zufolge plant Amazon, seine eigene Werbeplattform für den Verkauf von Werbeplätzen ins Leben zu rufen – so wie Google es mit GoogleAd und Facebook es mit seinem Ad-Manager machen. Mit den Daten seiner 225 Millionen Kunden könnte der Konzern dabei vermutlich sogar zielgenauer Werbung schalten als Google. Tatsächlich ist der Konzern bereits eine Partnerschaft mit dem amerikanischen Unternehmen Triggit eingegangen, um eine Demand Site Plattform für Werbung auf Amazon.com zu schalten. Vgl. Amazon Woos Advertisers with What It Knows about Consumers, in: www.technologyreview.com, 21.1.2013.

rin, daß er seine Kunden darin unterstützt, selbst tätig zu werden. Er aktiviert einige ihrer Stärken, ihre Solidarität, ihre Akribie, ihren Sachverstand zu seinem eigenen Profitnutzen. Sie schreiben Rezensionen, regelrechte Gutachten und finden sich dadurch in einer sich gegenseitig beratenden Konsumentengemeinschaft wieder. Obwohl er als Monopolist agiert, schafft Amazon damit eine Atmosphäre scheinbar solidarischer Gegenseitigkeit, in der sich die Kunden wie freie, von der Beratungszudringlichkeit einzelner Händler emanzipierte Subjekte vorkommen.»[176]

Zumindest die Konkurrenz will das willkürliche Geschäftsgebaren des Konzerns nicht länger hinnehmen. Im Februar 2013 reichten drei unabhängige Buchhändler und sechs Großverlage in den USA eine Sammelklage ein. Sie kritisieren, dass Amazons strikter Kopierschutz auf E-Books die Nutzer zu eng an den Konzern bindet und die Entstehung eines Verkaufsmonopols begünstigt. Stattdessen fordern sie Amazon auf, E-Books mit einem «Open-Source DRM» auszustatten, also einem weicheren Kopierschutz, der das Lesen bei Amazon gekaufter Bücher auch auf den Geräten anderer Hersteller erlaubt.

Noch ist offen, ob die Klage Erfolg haben wird. Schon jetzt ist aber klar, dass Amazon sein geschlossenes System mit allen Mitteln verteidigen wird. Denn nur so kann der Konzern auch an möglichst viele Daten seiner Kunden gelangen – um noch mehr Produkte zu verkaufen.

176 Vgl. Thomas Wagner, Warum die Linke eine eigene Antwort auf die Krise der Buchkultur finden muß, in:«Junge Welt», 6.4.13.

7. Epilog: Rettet das Buch!

Die Konzerne des digitalen Zeitalters werden in Zukunft noch erbitterter um jeden einzelnen Kunden kämpfen. In ihrem Streben um die «digitale Weltherrschaft» müssen sie sich dabei immer weiter voneinander abschotten, um die Nutzer noch stärker an sich zu binden und an die begehrten Daten zu gelangen.

Mehr denn je stehen die Kunden daher vor der Wahl: Entweder sie entscheiden sich für die bequeme Konsumwelt eines Anbieters wie Amazon. Dann aber nehmen sie zugleich die systematische Ausspähung sowie den Kontrollverlust über die gekauften Bücher hin. Oder aber sie kehren den Konzernen den Rücken, und machen sich auf die Suche nach Alternativen.

Die Renaissance der Buchläden

Eine solche stellen unter anderem die inhabergeführten Buchhandlungen dar. Zwar steht der stationäre Buchhandel angesichts der wachsenden Marktmacht Amazons weiterhin vor einer schier übermächtigen Herausforderung. Sein Anteil am gesamten Buchgeschäft wird bis 2017 voraussichtlich von derzeit knapp 50 auf 30 Prozent schrumpfen. Von diesem Rückgang sind allerdings vor allem die Buchhandelsketten betroffen. Die kleinen, unabhängigen Buchhändler hingegen können etwas optimistischer in die Zukunft blicken: Ihre Geschäfte erfahren derzeit vor allem in Ballungsräumen eine unerwartete Renaissance.[177]

177 Vgl. Boom der Buchhandlungen in Berlin, in: «Deutschlandfunk», 6.3.2013.

Dafür sind vor allem zwei Entwicklungen verantwortlich. Zum einen erkennen mehr und mehr Kunden, dass ihre Konsumgewohnheiten Auswirkungen haben – auf die Angebotsvielfalt vor Ort, das Stadtbild und die Arbeitsplätze der Region. Diesen Gedanken unterstreicht auch die Kampagne «Buy Local». Die «bundesweite Qualitätsoffensive von inhabergeführten Fachgeschäften» ruft dazu auf, die Angebote vor Ort zu nutzen, statt bei Internetriesen wie Amazon zu bestellen. In der Tat kann der lokale Konsum dazu beitragen, dass Innenstädte in ihrem Erscheinungsbild nicht immer einförmiger werden und veröden.[178] Der Einkauf in der Buchhandlung nebenan wird damit auch zu einer politischen Handlung.

Zum anderen weiten die Buchhändler mit viel Enthusiasmus und hoher Risikobereitschaft ihr Serviceangebot aus. Indem sie eine neuartige Erlebniswelt rund um das Buch schaffen, übernehmen sie Funktionen, die einst Literaturhäuser und öffentliche Bibliotheken inne hatten, und bereichern so ganze Stadtviertel. Beispiele für solche Buchhandlungen finden sich unter anderem in Köln, Hamburg und Berlin.

So lädt der «Buchladen Neusser Straße einzigundartig» in Köln-Nippes – dessen Inhaberin Dorothee Jungck zugleich Vorsitzende der Buy-Local-Initiative ist – regelmäßig zu Lesungen ein; zum Tag des Buches findet zudem ein ganztägiger Lesemarathon statt, bei dem auch Kölner Prominente aus Büchern vortragen.

Jungck hat jedes Lesealter im Blick: Kinder können ausgewählte Bücher kostenlos ausleihen und anschließend anhand eines Fragebogens bewerten. Der Buchhändlerin

---

178 In Großbritannien und Irland gab es Ende 2013 eine ähnliche Kampagne. Unter dem Motto «Books are my bag» warb der lokale Buchhandel im Vorweihnachtsgeschäft für seine Produkte. Vgl. dazu Amazon und die Buchfee, in: «der Freitag», 1.3.2013.

dienen die Angaben dazu, ihr Sortiment zu erweitern und den Kunden bestimmte Geschichten zu empfehlen. Erwachsene hingegen lassen sich nach Ladenschluss in den Geschäftsräumen «einschließen», um bei Wein und Käse in aller Ruhe nach Büchern zu stöbern. Und wer ein Werk bestellen möchte, es aber an den Folgetagen nicht während der Ladenzeiten abholen kann, muss deshalb nicht auf Amazon ausweichen: Das Buch wird einfach bei einem benachbarten Kiosk hinterlegt, der bis spät in die Nacht geöffnet hat.

Bei der Buchhandlung «Stories» in Hamburg-Eppendorf können die Kunden ebenfalls Bücher bestellen: Eine E-Mail genügt, und die Ware liegt einen Tag darauf im Laden bereit. Stammkunden, die über eine «stories-Card» verfügen, erhalten Bücher kostenfrei nach Hause geliefert. Die Inhaberin und frühere Vertriebs- und Marketingleiterin bei *Libri*, Annerose Beurich, lädt außerdem regelmäßig zum «Abendbrot» ein. Dabei erhalten bis zu 80 Kunden Schnittchen und Getränke, während die Angestellten ihnen Neuerscheinungen vorstellen.

Ein vergleichbares Konzept verfolgt die Buchhandlung «Ocelot, not just another bookstore» in Berlin-Mitte. Ihr Inhaber Frithjof Klepp leitete zuvor die Zweitausendeins-Filiale in der Friedrichstraße. Heute bietet er in Eigenregie auf gut 260 Quadratmetern eine «kuratierte Auswahl» an Büchern an. Sein Angebot richtet sich dabei vor allem an «konsumfreudige, gebildete, Bücher liebende Städter». Im Vorraum der Buchhandlung gibt es eine Espressobar und einen langen Tisch, wo Kunden schmökern und ins Gespräch kommen können. Abends finden regelmäßig Lesungen, Diskussionen und Musikveranstaltungen statt.

Klepp will zudem die Welt der gedruckten Bücher mit der digitalen Welt der E-Books zusammenführen: Auf der

Ocelot-Website können Kunden neben Papierbüchern auch E-Books kaufen und herunterladen. In den Aufbau des eigenen Internet-Shops investierte Klepp eine fünfstellige Summe. Dieser erlaubt es ihm, E-Books direkt über die Verlage statt über einen Zwischenhändler zu beziehen und so einen höheren Preisnachlass zu erhalten.

Erlebniswelt Buch: Die neue Lust am Stöbern

Die kleinen Buchhandlungen gehen somit mit der Zeit und passen sich den veränderten Kundenbedürfnissen an – mit Hilfe einer zeitgemäßen Onlinestrategie, gezielter Serviceangebote, eines ausgewählten Sortiments und zielgruppenspezifischer Werbung. Sie sind damit nicht länger nur eine Schnittstelle zwischen Verlagen und Lesern. Vielmehr bauen sich Buchhändler eine lokale Community aus Buchliebhabern und damit zugleich einen treuen Kundenstamm auf.

Dass derlei Angebote durchaus eine Alternative zu Amazon darstellen, belegen die Zuwächse des stationären Buchhandels im ersten Halbjahr 2013. Damals führte die breite Debatte um die Situation der Angestellten in Amazons Logistikzentren vorübergehend zu einem steilen Umsatzanstieg. Im März – und damit nur wenige Wochen nach der Ausstrahlung der Dokumentation «Ausgeliefert» – nahm der Umsatz im Vergleich zum Vorjahr um rund 12 Prozent zu.[179] Um dieses Potential langfristig auszuschöpfen, müssen sich die Buchhandlungen noch offensiver als bisher als Alternative zu Amazon präsentieren.[180]

---

179 Vgl. www.boersenblatt.net, 11.4.2013.

180 Dabei können sich die Buchläden einen Vorteil zunutze machen, über

Verlage: Edel-Dienstleister für Autoren

Von der Wiederbelebung der inhabergeführten Buchhandlungen profitieren auch die Verlage – insbesondere die kleineren unter ihnen. Sie waren schon immer im besonderen Maße auf das Engagement und die Empfehlungen der Buchhändler angewiesen.

Gleichzeitig müssen sie sich gegen Amazons verlegerische Pläne wappnen. Erste Verlagshäuser haben ihre Angebote bereits erweitert: Sie bieten Autoren neuerdings Plattformen an, auf denen diese – vergleichbar zu *Amazons Kindle Direct Publishing* – selbstverlegte Werke bewerben und verkaufen können. Auf Wunsch und gegen Aufpreis erhalten die Autoren zusätzlich ein Lektorat.

So startete der Droemer Verlag schon 2010 das Portal neobooks.com, auf dem Autoren ihre Texte hochladen und als E-Book vertreiben können. Und seit August 2013 können Autoren auch beim Carlsen Verlag digitale Bücher publizieren und zum Kauf anbieten. Dabei unterstützt der Verlag die Autoren redaktionell, aber auch bei der Gestaltung und Vermarktung ihrer digitalen Publikationen.

Die Verlagslektoren entdecken auf diese Weise auch erfolgreiche Selfpublisher, die sie als feste Autoren unter Vertrag nehmen. Damit wird zugleich die Grenze zwischen Selfpublishing-Plattformen und klassischen Verlagsmodellen fließend. Jo Lendle, der neue Verlagschef bei Hanser, sieht die künftige Rolle der Verlage in diesem Sinne auch weniger als Türsteher, der darüber entschei-

---

den sie im Vergleich zu Online-Anbietern wie Amazon verfügen: In Buchläden sind Kunden deutlich offener für Spontankäufe als im Netz. Im Internet werden nur knapp die Hälfte aller Kaufentscheidungen ohne Vorabinformationen getroffen, offline hingegen zu rund zwei Drittel.

det, welche Bücher veröffentlicht werden und welche nicht. Vielmehr müsse sich der Verlag der Zukunft als «Edeldienstleister» verstehen, der Autoren jede denkbare Unterstützung zukommen lässt, die diese für ihre Publikationen benötigen.[181]

Exit-Strategie Libreka

Aber nicht nur ihren Autoren, sondern auch den Kunden müssen die Verlage ein Alternativangebot zu Amazon unterbreiten. Eine Lösungsstrategie liegt auf der Hand: Die Verlage sollten gemeinsam mit den Buch- und Zwischenhändlern ein eigenes Internetangebot auf die Beine stellen. Auf diese Weise könnten sie sich auch aus der Umklammerung Amazons lösen und wären nicht länger erpressbar.

Das Fundament für ein solches gemeinsames Projekt ist bereits gelegt: «Libreka!» ist schon heute eine der größten E-Book-Plattformen auf dem deutschen Markt – zumindest der Datenbankgröße nach: Knapp 2000 Verlage bieten unter www.libreka.de rund 2,2 Mio. Bücher und 875.000 E-Books an. Betrieben wird die Plattform von der MVB Marketing- und Verlagsservice des Buchhandels GmbH, die zum Börsenverein des Deutschen Buchhandels gehört.

Die Sache hat nur einen Haken: Bei ihrer Eröffnung im Oktober 2007 sollte Libreka noch «die führende Internetplattform der Buchbranche [...] werden». Da Libreka jedoch eine klare Produktstrategie und ein Endkunden-Marketing missen lässt, kennt bis heute kaum ein Kunde die Plattform. Die geplante Wunderwaffe gegen Bran-

181 Vgl. Künftiger Hanser-Verleger Jo Lendle: «Verlage sind nicht mehr nötig», in: «literaturcafe.de», 28.5.2013.

chenriesen wie Google und Amazon entpuppte sich daher bislang als Blindgänger.[182] Doch mit vergleichsweise geringem Aufwand könnten Verlage und Buchhandel Libreka zu einer effizienten Verkaufsplattform umrüsten – und zu ihrer Hausmarke machen.

Das Ende des Amazon-Monopols

Der deutsche Buchmarkt verfügt somit bereits über vielversprechende Ansätze, den Kampf mit Amazon aufzunehmen. Um diesen zu unterstützen, muss aber auch die Politik aktiv werden.

Ein wichtiges Instrument bietet dafür das bestehende Wirtschaftsrecht. Ein Quasimonopolist wie Amazon dürfte in einer geregelten Marktwirtschaft eigentlich gar nicht erst entstehen. Vor allem das Kartellrecht soll verhindern, dass einzelne Firmen den Wettbewerb beschränken, verfälschen oder gar verhindern. Das aber bedeutet: Wächst die Marktmacht eines Unternehmens zu sehr an, muss die Politik einschreiten und notfalls das Wettbewerbsrecht verschärfen.

Wie wirkungsvoll gerade das Kartellrecht im Kampf gegen Amazon sein kann, wurde erst vor wenigen Monaten deutlich: Konkurrierende Großanbieter wollten Amazons Dominanz nicht länger hinnehmen und wiesen den Konzern mit Hilfe eines wettbewerbsrechtlichen Verfahrens erfolgreich in die Schranken. Auslöser des Streits war Amazons Geschäftsmodell, Fremdanbietern den Verkauf eigener Produkte auf dem *Amazon Marketplace* zu

182 Vgl. dazu den Insider-Bericht «Libreka ungeschminkt», den 2009 Wikileaks Germany veröffentlichte: http://88.80.16.63/leak/libreka-ungeschminkt-2009.pdf sowie die darauf folgende Stellungnahme des MVB-Geschäftsführer Ronald Schild: www.boersenblatt.net/345534.

erlauben – und ihnen gleichzeitig die Preisuntergrenzen zu diktieren.[183]

Die sogenannte Preisparitätsklausel verbot es Verkäufern, ihre Produkte auf Amazon teurer zu verkaufen, als auf anderen Webseiten. Da Amazon aber bis zu zehn Prozent höhere Gebühren als die Konkurrenz erhebt, mussten die Händler ihre Preise auch bei dieser erhöhen und konnten eingesparte Kosten nicht an die Kunden weitergeben. Mit anderen Worten: Amazon missbrauchte seine marktbeherrschende Stellung und diktierte den Händlern die Mindestverkaufspreise.

Aus diesem Grund reichten die Betreiber des deutschen Online-Marktplatzes Hood.de im November 2012 Klage beim Landgericht Köln ein. Aus ihrer Sicht beschränkte die Festsetzung eines Mindestpreises unzulässigerweise den Wettbewerb. Auch das Bundeskartellamt leitete ein Verfahren gegen Amazon ein, weil der Konzern im Verdacht stand, mit seiner Preispolitik «gegen das allgemeine Kartellrecht» zu verstoßen.

Amazon kam der Entscheidung des Kartellamts zuvor und änderte seine Geschäftsbedingungen: Seit Ende August 2013 erlaubt der Konzern den Händlern, ihre Verkaufspreise auf anderen Plattformen frei zu bestimmen. Wenige Wochen darauf stellte das Bundeskartellamt das Verfahren gegen Amazon ein.[184]

---

183 Mehr als zwei Millionen Verkäufer sind auf der Plattform registriert. Unter ihnen sind sowohl professionelle Händler, die Neuwaren verkaufen, als auch Privatpersonen, die den Marktplatz quasi als Online-Flohmarkt nutzen. Für Amazon hat der Marktplatz eine wichtige strategische Bedeutung: Erst durch die Angebote der Händler kann der Konzern mit einer nahezu lückenlosen Produktpalette aufwarten. Zugleich wertet er die Verkaufsaktivitäten auf dem Marktplatz genau aus, um umgehend mit eigenen Angeboten reagieren zu können, sobald die Nachfrage nach einem bestimmten Produkt zunimmt.

184 Vgl. Amazon gibt Preisparität auf, in www.bundeskartellamt.de, 26.11.2013.

Die Zukunft des Buches

Dieses Beispiel zeigt ein weiteres Mal, dass Amazon sich nur an Regeln hält, solange der Druck von außen groß genug ist. Umso wichtiger ist es, dass die Politik energisch für den Erhalt der Buchpreisbindung eintritt. Von ihr profitieren nicht nur die Verlage und der Buchhandel, sondern letztendlich auch die Kunden, da die Preisbindung einen zerstörerischen Unterbietungswettbewerb wie in den USA verhindert und ein vielfältiges Buchangebot garantiert.

Fällt die Preisbindung jedoch – beispielsweise infolge des Freihandelsabkommens zwischen den Vereinigten Staaten und der EU –, ist das Buch den Profitinteressen Amazons auch hierzulande schutzlos ausgeliefert. Der Internetkonzern könnte dann die Konditionen für Verlage, Buchhändler und Endkunden nach Gutdünken bestimmen. Mit wachsender Marktdominanz hätte Amazon am Ende die Macht zu entscheiden, welches Buch in den Handel kommt und welches nicht.

An einem «Gatekeeper» Amazon dürften aber weder die Kunden noch die Politik ein Interesse haben. Denn auch im «digitalen Zeitalter» wirken Bücher als Initiator gesellschaftlich relevanter Debatten und damit des öffentlich ausgetragenen Streitgesprächs der Bürgerinnen und Bürger untereinander. Aus diesem Grund ist die Auseinandersetzung um Amazon auch eine um den Erhalt der Grundlagen unserer Öffentlichkeit. Mit der gleichen Entschlossenheit, mit der wir das Aufkommen von Medienimperien unterbinden, müssen wir auch gegen ein sich abzeichnendes Amazon-Monopol vorgehen.

Der Kampf um den Buchmarkt und um die Zukunft des Kulturgutes Buch ist noch längst nicht entschieden. Er hat gerade erst begonnen.

Anhang

Abbildung 1:
Geschätzte Umsätze Buchhändlerischer Betriebe zu Endverbraucherpreisen 2012

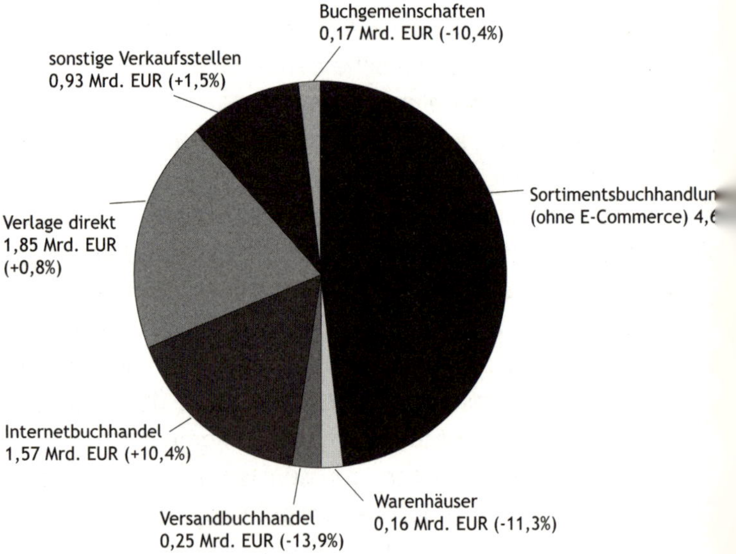

Quelle: Börsenverein des Deutschen Buchhandels, 2013.

Tabelle 1: **Umsätze im Buchmarkt in Deutschland in den Jahren 2011 und 2012**		
	in Millionen Euro	
	2011	2012
Schul- und Lehrbücher	1.959,00	1.923,00
Sach- und Fachbücher	2.823,00	2.780,00
Belletristik	4.820,00	4.820,00
Insgesamt	9.601,00	9.523,00

Tabelle 2: **Umsätze im deutschen Buchhandel nach Segmenten**			
Geschätzte Umsätze in den Jahren 2011 und 2012 (in Millionen Euro) sowie Veränderungen in %			
	2011	**2012**	**%**
Buchhandel insgesamt	9.601,00	9.520,00	-0,84
Sortimentsbuchhandel (ohne E-Commerce)	4.775,00	4.598,00	-3,71
Verlage direkt	1.833,00	1.848,00	+0,82
Versandbuchhandel (inkl. Internet)	1.708,00	1.815,00	+6,26
Sonstige Verkaufsstellen	913,00	927,00	+1,53
Buchgemeinschaften	193,00	173,00	-10,36
Warenhäuser	179,00	159,00	-11,17

Tabelle 3:
Ranking der größten Buchhändler in Deutschland, Österreich und der Schweiz 2012

	Umsatz in Mio. Euro
Thalia Holding (D)	984,00
DBH (D)	695,00
Schweitzer Fachinformation (D)	182,00
Mayersche Buchhandlung (D)	170,00
Orell Füssli (CH)	95,40
Libro (A)	86,50
Lehmanns Fachbuchhandlung (D)	68,40
Kaufhof (D)	60,00
Osiander (D)	55,38
Lüthy Balmer Stocker (CH)	48,00
Morawa (A)	43,50
Ex Libris (CH)	43,00
Dussmann das KulturKaufhaus (D)	40,00
Valora Retail Deutschland (CH/D)	39,30
Pustet (D)	33,70
Athesia (I)	32,80
Rupprecht (D)	30,30
Heymann (D)	30,00
Facultas (A)	29,90
Wittwer (D)	29,50

Tabelle 4: **Nettoumsatz von Amazon.com nach Region 2006 bis 2012**			
	Nordamerika	**International**	**Gesamt**
2006	5,69	4,84	10,71
2007	8,10	6,74	14,84
2008	10,23	8,94	19,17
2009	12,83	11,68	24,51
2010	18,71	15,50	34,20
2011	26,71	21,37	48,08
2012	34,81	26,28	61,09
Nettoeinnahmen in Milliarden US-Dollar			

Tabelle 5: **Nettoumsatz von Amazon.com**	
In den Jahren 2004 bis 2012	
	Milliarden US-Dollar
2004	6,92
2005	8,49
2006	10,71
2007	14,84
2008	19,17
2009	24,51
2010	34,20
2011	48,08
2012	61,09

Tabelle 6: **Jahresergebnis von Amazon 2009 bis 2013 (Quartalszahlen)**	
1. Quartal 2009 bis zum 3. Quartal 2013	
	Gewinn/Verlust in Millionen US-Dollar
Q1, 09	177,00
Q2, 09	142,00
Q3, 09	199,00
Q4, 09	384,00
Q1, 10	299,00
Q2, 10	207,00
Q3, 10	231,00
Q4, 10	416,00
Q1, 11	201,00
Q2, 11	191,00
Q3, 11	63,00
Q4, 11	177,00
Q1, 12	130,00
Q2, 12	7,00
Q3, 12	-274,00
Q4, 12	97,00
Q1, 13	82,00
Q2, 13	-7,00
Q3, 13	-41,00

Tabelle 7: **Gewinn von Amazon 2004 bis 2012**	
	Millionen US-Dollar
2004	588,00
2005	359,00
2006	190,00
2007	476,00
2008	645,00
2009	902,00
2010	1.152,00
2011	631,00
2012	-39,00

Tabelle 8: **Größte Online-Shops**	
Reichweite der größten Online-Shops in Deutschland im Juni 2013 in %	
Amazon	41,00
Ebay	38,67
Otto	9,88
Tchibo	6,79
Zalando	6,74
Bon Prix	5,87
Lidl	5,59
Media-Markt	4,50
Ikea	4,44
Weltbild	4,20

Tabelle 9: **Marktanteile der größten E-Book-Plattformen**	
nach Umsätzen in Deutschland im Jahr 2012 in %	
Amazon	41,00
thalia.de	14,00
Weltbild	13,00
iTunes	10,00
buecher.de	5,00
eBook.de (libri.de)	4,00
Hugendubel.de	2,00
bol.de	1,00
buch.de	1,00

Tabelle 10: **Marktvolumen – Bestand von E-Readern und Tablets in Deutschland**		
Prognostizierter Bestand in Deutschland in den Jahren 2009 bis 2015 (in Millionen)		
	E-Reader	Tablets
2009	0,05	0,00
2010	0,15	0,66
2011	0,46	2,46
2012	0,91	4,92
2013	1,52	7,38
2014	1,97	9,84
2015	2,43	12,30

Quelle aller tabellarisch dargestellten Daten: Statista.com, 2014.

Amazons Werdegang

1994	
Juli	Jeff Bezos gründet Amazon.com, Inc. in Seattle im US-Bundesstaat Washington
1995	
16. Juli	Amazon.com geht online und verkauft sein erstes Buch
1997	
14. Mai	Amazon geht an die Börse
September	Einführung von «1-Click»-Shopping zur Vereinfachung und Beschleunigung des Einkaufsprozesses
1998	
April	Amazon kauft über seine Tochter Telebook, Inc. den damals führenden deutschen Internet-Versandbuchhändler, die ABC-Bücherdienst GmbH Übernahme von Internet Movie Data Base, eine Datenbank über Filme, Fernsehserien, Videoproduktionen und -spiele sowie über die darin mitwirkenden Personen
Juni	Amazon führt die Produktkategorie Musik ein
15. Oktober	Telebuch.de wird in Amazon.de umbenannt
November	Die neue Produktkategorie DVD und Video wird eingeführt
1999	
Juni	Übernahme von Alexa Internet, ein Unternehmen, das Daten und Surfverhalten von Internetnutzern sammelt und auswertet
Juli	Neue Produktkategorien werden eingeführt, u.a. Konsumelektronik und Spielzeug

September	Amazon stellt «zShops» vor, die Vorläufer des *Marketplace*
November	Neue Produktkategorien werden eingeführt, u.a. Software und Videospiele
Dezember	Jeff Bezos wird vom US-amerikanischen «Time Magazin» zum «Mann des Jahres» gewählt
2000	
August	Amazon.fr (Frankreich) wird eröffnet
September	Der Kurs der Amazon-Aktie sinkt auf unter 6 US-Dollar
November	Amazon Marketplace geht aus zShops hervor
	Amazon führt in den USA erstmals den kostenlosen Warenversand ab einem Einkaufswert in Höhe von 100 US-Dollar ein
	Amazon eröffnet eine Website in Japan
2002	Amazon macht zum ersten Mal in seiner Geschichte Gewinn.
2003	
Juni	Amazon steigt ins Cloud Computing ein und gründet «Amazon (Web) Services»
	Amazon ruft die «Amazon Europe Holding» Technologies ins Leben
Juli	Amazon gründet «Amazon EU SARL»
August	Amazon reduziert in den USA den Mindestumsatz für den kostenlosen Versand auf 25 US-Dollar
Oktober	Amazon führt die Funktion «Search Inside The Book» ein, ein Programm, mit dem Kunden Bücher betrachten und durchsuchen können
	Einführung der eigenen Suchmaschine «A9»
2005	
Februar	Einführung des Stammkundenprogramms «Amazon Prime»

2006

Februar	Amazon überträgt die Eigentumstitel seiner britischen, deutschen und französischen Unternehmen an Amazon EU SARL. Das Eigentum der britischen und französischen Webseiten geht an die Amazon Europe Holding Technologies über
Juli	Neue Produktkategorie Lebensmittel («Amazon Fresh»)

2007

September	Amazon steigt ins MP3-Geschäft ein («Amazon MP3»)
November	Amazon präsentiert sein erstes elektronisches Lesegerät, den Kindle

2008

Juni	Einführung der Produktkategorie Bürobedarf

2009

Februar	Amazon präsentiert den Kindle 2
Mai	Amazon präsentiert den Kindle DX
	Amazon gründet den Verlagszweig «Amazon Encore»
Oktober	Die Kindle-Software für den PC wird vorgestellt
November	Amazon kauft den Online-Bekleidungs- und Schuhhändler Zappos.com

2010

März	Kindle für den Mac wird vorgestellt
Mai	Amazon gründet seinen zweiten Verlag, «Amazon Crossing»

2011

Februar	Die Borders Gruppe, die Nummer zwei im US-amerikanischen Buchhandel, meldet Insolvenz an und schließt landesweit knapp 400 Filialen

April	Amazon übernimmt den Online-Filmverleih und Streamingdienst «Lovefilm»
Mai	Amazon verkauft nach eigenen Angaben erstmals mehr Kindle-E-Books als gedruckte Bücher
	Amazon ruft den Verlagszweig «Montlake Romance» ins Leben
September	Präsentation des Kindle Fire, Kindle Touch und Kindle Touch 3G
	Der Webbrowser Silk wird vorgestellt
Oktober	Amazon gründet den Verlag «47North»
Dezember	Amazon kauft den Kinderbuchverlag Marshall Cavendish

2012

März	Amazon übernimmt den Roboterhersteller Kiva Systems
Juni	Amazon kauft den US-amerikanischen Traditionsverlag Avalon Books
November	Die Betreiber des deutschen Online-Marktplatzes «Hood.de» reichen Klage gegen Amazon beim Landgericht Köln ein. Aus ihrer Sicht beschränkt die Festsetzung eines Mindestpreises unzulässigerweise den Wettbewerb
	Amazon kündigt an, sein Verlagsgeschäft im Frühjahr 2013 nach Europa zu expandieren und eine Dependance in Luxemburg einzurichten
Dezember	Der Verlag Grand Harbor Press wird gegründet

2013

Januar	Der Amazon-Verlag Little A wird gegründet
Februar	Ausstrahlung der ARD-Dokumentation «Ausgeliefert. Leiharbeiter bei Amazon»
März	Thalia, Weltbild, Hugendubel, Club

	Bertelsmann sowie die Deutsche Telekom bringen gemeinsam den E-Reader Tolino auf den Markt
	Amazon kauft das soziale Netzwerk «Goodreads»
April	Beschäftigte von Amazon Deutschland wehren sich gegen Dumpinglöhne und treten erstmals in den Streik
Juli	Apple wird von einem US-Bundesgericht wegen illegaler Preisabsprachen schuldig gesprochen
	Der Kurs der Amazon-Aktie steigt erstmals über 300 US-Dollar
August	Jeff Bezos kauft für 250 Mio. US-Dollar die US-Tageszeitung «The Washington Post»
	Amazon erlaubt den Händlern des «Marktplatzes», ihre Verkaufspreise auf anderen Plattformen frei zu bestimmen. Im November darauf stellt das Bundeskartellamt das Verfahren gegen den Konzern ein
Oktober	Amazon startet in den USA seinen Dienst Kindle MatchBook, mit dem Kunden gegen einen Aufpreis von 1 bis 3 Dollar nach dem Kauf eines gedruckten Buches zusätzlich das E-Book herunterladen können
November	Verdi-Mitglieder streiken erneut über Wochen gegen die Arbeitsbedingungen bei Amazon und drohen das Weihnachtsgeschäft lahmzulegen
Dezember	Jeff Bezos kündigt die Entwicklung der Paketzustellung per Drohne an (Prime Air)

2014

Januar	Der katholische Weltbild Verlag meldet Insolvenz an

Spät, Patrick Spät:

Das Leben –
und der Sinn des Ganzen

Zwischen Nihilismus
und einem Funken Moral

120 Seiten, kart., 9,80 EUR, ISBN 3-89657-065-X

Das Leben hat keinen Sinn. Darüber lässt Patrick Spät keine Zweifel aufkommen. Doch ist dies nicht das Ende, sondern erst Ausgangspunkt der Philosophie. Denn diese, so Spät, liefert niemals letztgültige Antworten, sondern muss zuallererst Fragen aufwerfen. Und so dürfen wir dem Autor beim Denken und Fragen zusehen: Ist alles erlaubt, wenn kein Sinn mehr Maß und Orientierung setzt? Was kann uns vor dem Nihilismus bewahren? Welche Rolle spielt der Tod dabei? Und birgt die Erkenntnis der absoluten Sinnlosigkeit gar Potential für eine ganz neue Freiheit?

Anhand fundierter Bezüge auf Philosophie, Literatur und Alltag hinterfragt Spät in radikaler Art und Weise unser aller Leben und gelangt dabei zu einem überraschenden Ergebnis. Wenn es auch keinen Sinn des Lebens geben mag, so gibt es vielleicht doch einen Sinn im Leben.

Imre Hofmann/ Dominique Zimmermann:

Die andere Beziehung

Polyamorie und philosophische Praxis

156 Seiten, kart., 12,80 EUR, ISBN 3-89657-064-1, Schmetterling Verlag

«Die andere Beziehung» geht von der Erkenntnis aus, dass die sich schnell und stetig wandelnde Gesellschaft immer wieder neue Fragen zur Beziehungsführung aufwirft, welche die Philosophische Praxis unter ganz anderen Blickwinkeln betrachten kann und möchte, als dies in Alltagsgesprächen oft der Fall ist.

Das Interesse der AutorInnen gilt dabei insbesondere der Infragestellung bestehender Beziehungsmodelle. Unter Berücksichtigung diverser philosophischer Zeitzeugen erörtern sie die Frage, ob und unter welchen Bedingungen verschiedene Formen von Liebesbeziehungen denkbar und realisierbar sind.

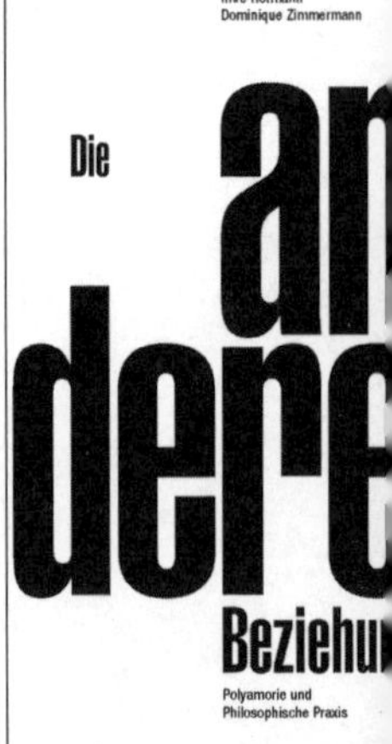